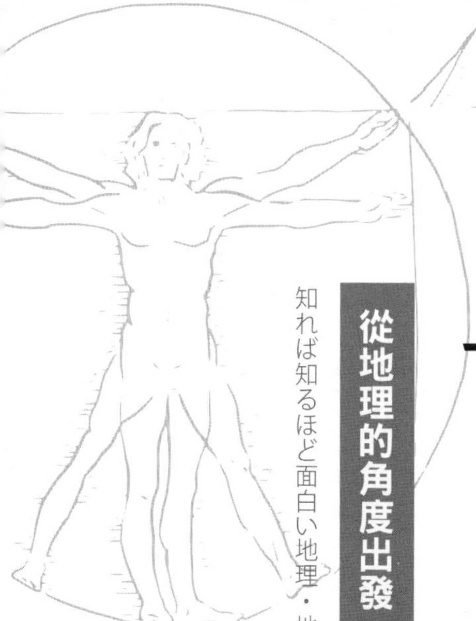

從地理地名地圖了解世界史

從地理的角度出發，讓世界史更好懂！

知れば知るほど面白い地理・地名・地図から読み解く世界史

宮崎正勝 監修
陳嫻若 譯

世界略年表

北非
小亞細亞 巴爾幹
中東
南亞
中國
朝鮮半島
日本
埃及文明
①四大文明的興盛（p24）
美索不達米亞文明
印度文明
黃河文明
繩文時代
②腓尼基人與希臘文明（p28）
阿契美尼德王朝／波斯
希臘
阿契美尼德王朝／波斯
春秋戰國時代
亞歷山大王國
③亞歷山大大帝與希臘化文化（p33）
孔雀王朝
托勒密王國／埃及
馬其頓
塞流卡斯王國／敘利亞
衛氏朝鮮
西漢
彌生時代
⑥中國王朝的變遷（p48）
安息帝國
貴霜王朝
羅馬帝國
⑤波斯各國的勃興（p43）
東漢
三國時代
高句麗
西羅馬帝國
東羅馬帝國（拜占庭帝國）
薩珊王朝
笈多王朝
百濟
古墳時代
⑫拜占庭帝國的盛衰（p81）
隋
飛鳥時代
倭馬亞王朝
倭馬亞王朝
⑬佛教的傳布（p86）
唐
奈良時代
新羅
阿拔斯王朝
阿拔斯王朝
⑪隋唐的繁榮（p92）
⑨伊斯蘭帝國與法蘭克王國（p65）
平安時代
法提馬王朝
塞爾柱王朝
伽色尼王朝
宋
高麗
阿尤布王朝
鎌倉時代
伊兒汗國
⑯蒙古帝國的興盛（p102）
元
馬穆魯克王朝
明
⑱朝鮮半島的歷史（p102）
室町時代
⑰元朝到明朝，中國王朝的變遷（p107）
安土桃山時代
鄂圖曼帝國
蒙兀兒帝國
朝鮮王朝
江戶時代
清
㉞帝國主義（p195）
印度帝國
中華民國
㉟甲午戰爭（p200）
㊳第二次世界大戰（p215）
中華人民共和國
中華民國
北韓
南韓
㊱日俄戰爭（p205）
㊴亞洲非洲各國的建國（p221）

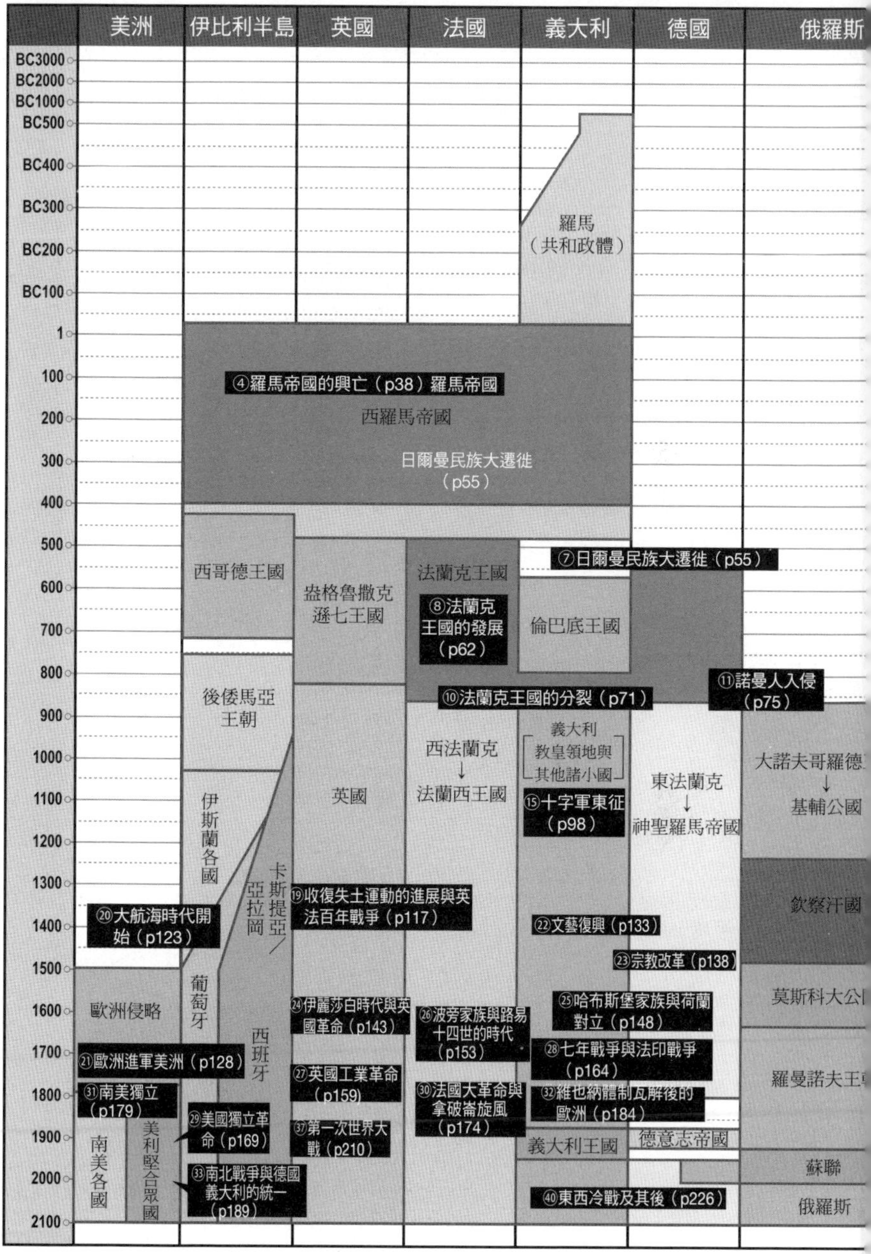
美洲
伊比利半島
英國
法國
義大利
德國
俄羅斯
BC3000
BC2000
BC1000
BC500
BC400
BC300
BC200
BC100
1
100
200
300
400
500
600
700
800
900
1000
1100
1200
1300
1400
1500
1600
1700
1800
1900
2000
2100
羅馬（共和政體）
④羅馬帝國的興亡（p38）羅馬帝國
西羅馬帝國
日爾曼民族大遷徙（p55）
西哥德王國
盎格魯撒克遜七王國
法蘭克王國
⑧法蘭克王國的發展（p62）
⑦日爾曼民族大遷徙（p55）
倫巴底王國
後倭馬亞王朝
⑩法蘭克王國的分裂（p71）
⑪諾曼人入侵（p75）
西法蘭克
↓
法蘭西王國
義大利
教皇領地與其他諸小國
東法蘭克
↓
神聖羅馬帝國
大諾夫哥羅德
↓
基輔公國
英國
⑮十字軍東征（p98）
伊斯蘭各國
亞拉岡
卡斯提亞／
⑲收復失土運動的進展與英法百年戰爭（p117）
欽察汗國
⑳大航海時代開始（p123）
㉒文藝復興（p133）
㉓宗教改革（p138）
葡萄牙
西班牙
歐洲侵略
㉔伊麗莎白時代與英國革命（p143）
㉖波旁家族與路易十四世的時代（p153）
㉕哈布斯堡家族與荷蘭對立（p148）
莫斯科大公國
㉑歐洲進軍美洲（p128）
㉘七年戰爭與法印戰爭（p164）
㉗英國工業革命（p159）
羅曼諾夫王朝
㉛南美獨立（p179）
㉚法國大革命與拿破崙旋風（p174）
㉜維也納體制瓦解後的歐洲（p184）
㉙美國獨立革命（p169）
㊲第一次世界大戰（p210）
義大利王國
德意志帝國
南美各國
美利堅合眾國
㉝南北戰爭與德國義大利的統一（p189）
蘇聯
㊵東西冷戰及其後（p226）
俄羅斯

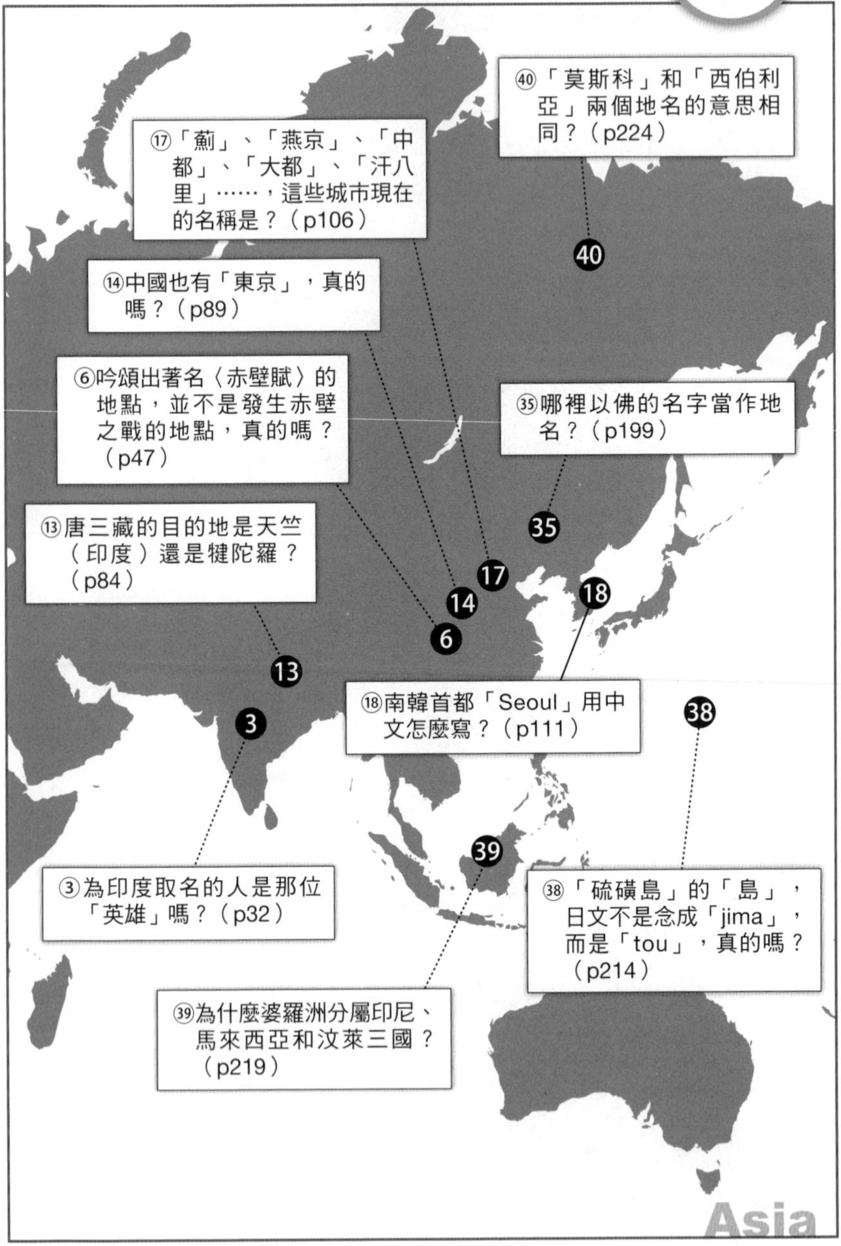
⑰「薊」、「燕京」、「中都」、「大都」、「汗八里」……，這些城市現在的名稱是？（p106）
⑭中國也有「東京」，真的嗎？（p89）
⑥吟頌出著名〈赤壁賦〉的地點，並不是發生赤壁之戰的地點，真的嗎？（p47）
⑬唐三藏的目的地是天竺（印度）還是犍陀羅？（p84）
③為印度取名的人是那位「英雄」嗎？（p32）
㊴為什麼婆羅洲分屬印尼、馬來西亞和汶萊三國？（p219）
⑱南韓首都「Seoul」用中文怎麼寫？（p111）
㊵「莫斯科」和「西伯利亞」兩個地名的意思相同？（p224）
㉟哪裡以佛的名字當作地名？（p199）
㊳「硫磺島」的「島」，日文不是念成「jima」，而是「tou」，真的嗎？（p214）
40
17
35
14
18
6
13
38
3
39
Asia

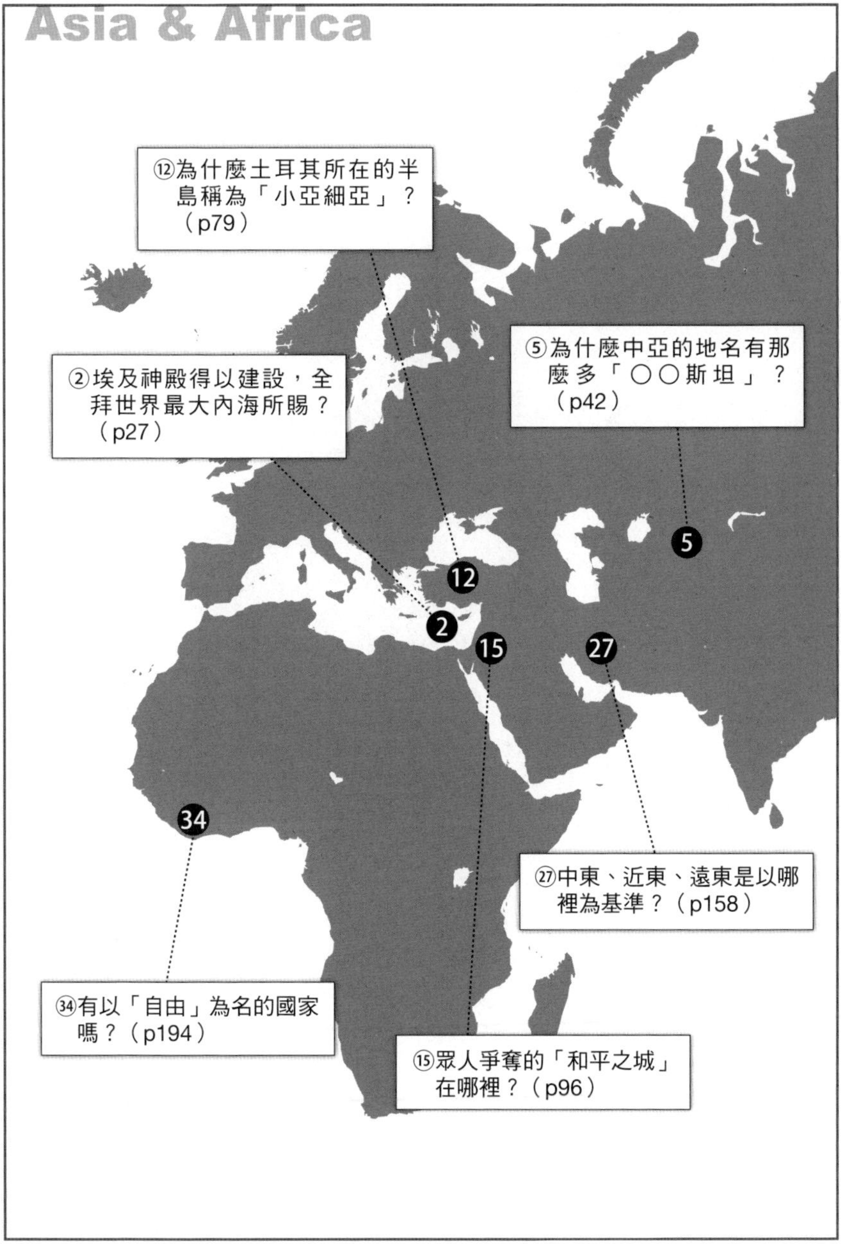
Asia & Africa
⑫為什麼土耳其所在的半島稱為「小亞細亞」？（p79）
②埃及神殿得以建設，全拜世界最大內海所賜？（p27）
⑤為什麼中亞的地名有那麼多「〇〇斯坦」？（p42）
5
12
2
15
27
34
㉗中東、近東、遠東是以哪裡為基準？（p158）
㉞有以「自由」為名的國家嗎？（p194）
⑮眾人爭奪的「和平之城」在哪裡？（p96）

㉑因船員誤解而被命名的里約．熱內盧（p127）
21
31
㉛為什麼智利的國土南北狹長？（p178）
South America

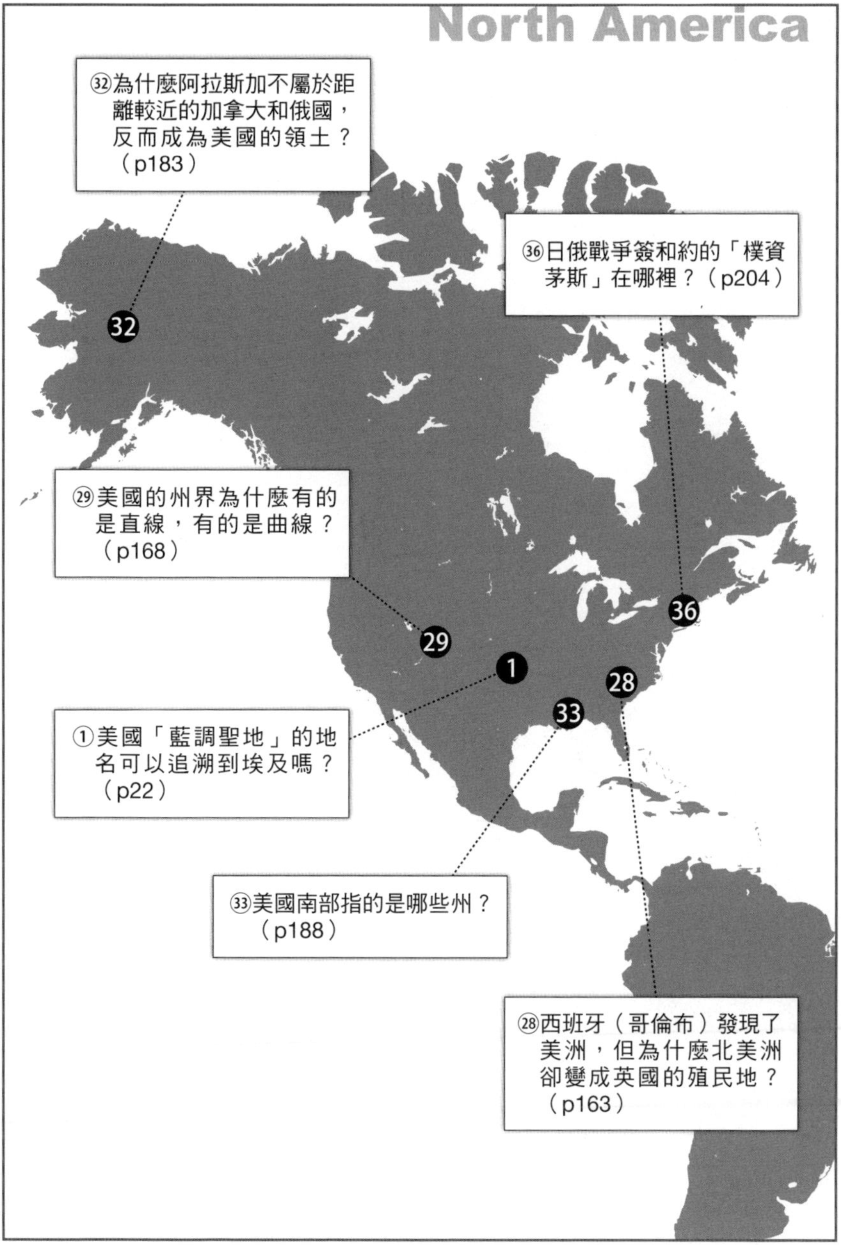
North America
㉜為什麼阿拉斯加不屬於距離較近的加拿大和俄國，反而成為美國的領土？（p183）
32
㊱日俄戰爭簽和約的「樸資茅斯」在哪裡？（p204）
㉙美國的州界為什麼有的是直線，有的是曲線？（p168）
36
29
1
28
33
①美國「藍調聖地」的地名可以追溯到埃及嗎？（p22）
㉝美國南部指的是哪些州？（p188）
㉘西班牙（哥倫布）發現了美洲，但為什麼北美洲卻變成英國的殖民地？（p163）

世界歷史地圖　歐洲

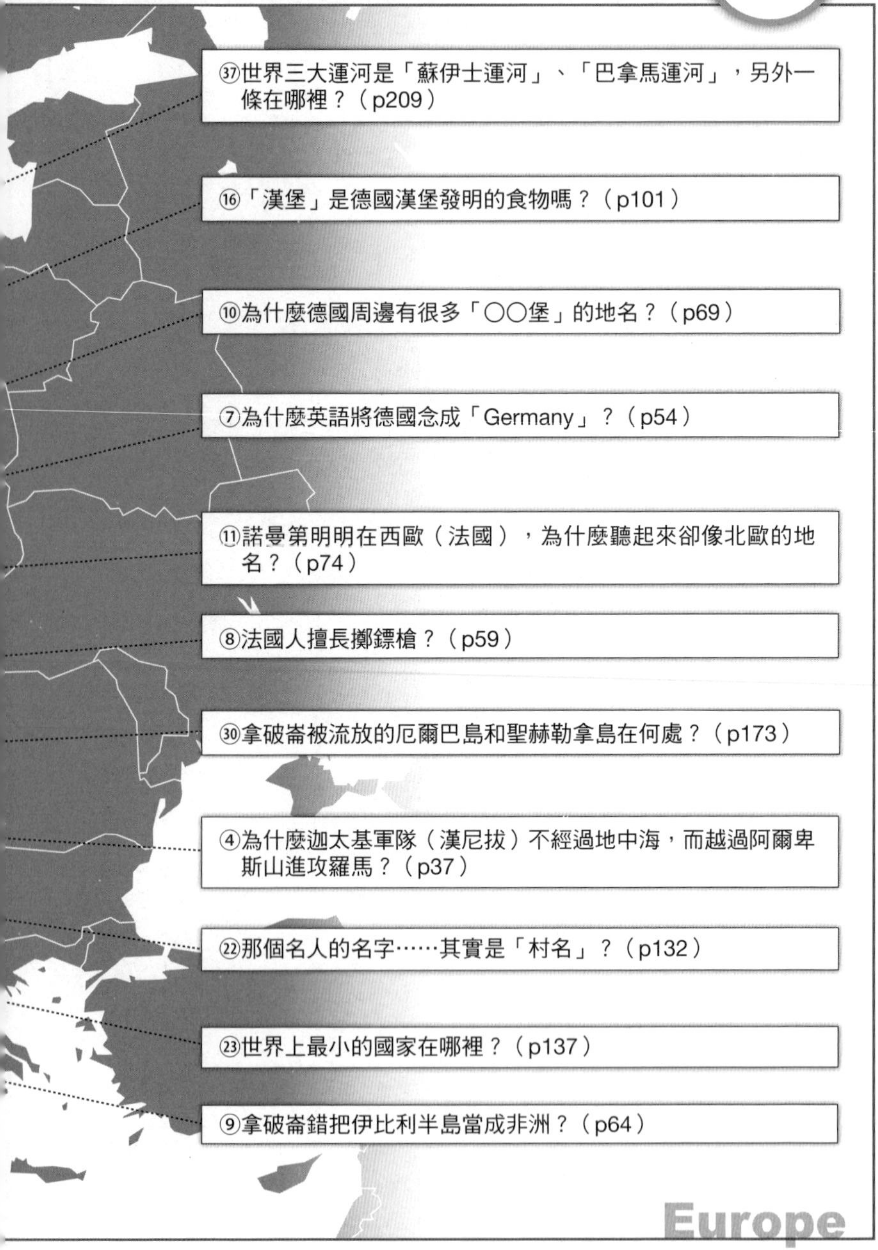

㊲世界三大運河是「蘇伊士運河」、「巴拿馬運河」，另外一條在哪裡？（p209）

⑯「漢堡」是德國漢堡發明的食物嗎？（p101）

⑩為什麼德國周邊有很多「〇〇堡」的地名？（p69）

⑦為什麼英語將德國念成「Germany」？（p54）

⑪諾曼第明明在西歐（法國），為什麼聽起來卻像北歐的地名？（p74）

⑧法國人擅長擲鏢槍？（p59）

㉚拿破崙被流放的厄爾巴島和聖赫勒拿島在何處？（p173）

④為什麼迦太基軍隊（漢尼拔）不經過地中海，而越過阿爾卑斯山進攻羅馬？（p37）

㉒那個名人的名字⋯⋯其實是「村名」？（p132）

㉓世界上最小的國家在哪裡？（p137）

⑨拿破崙錯把伊比利半島當成非洲？（p64）

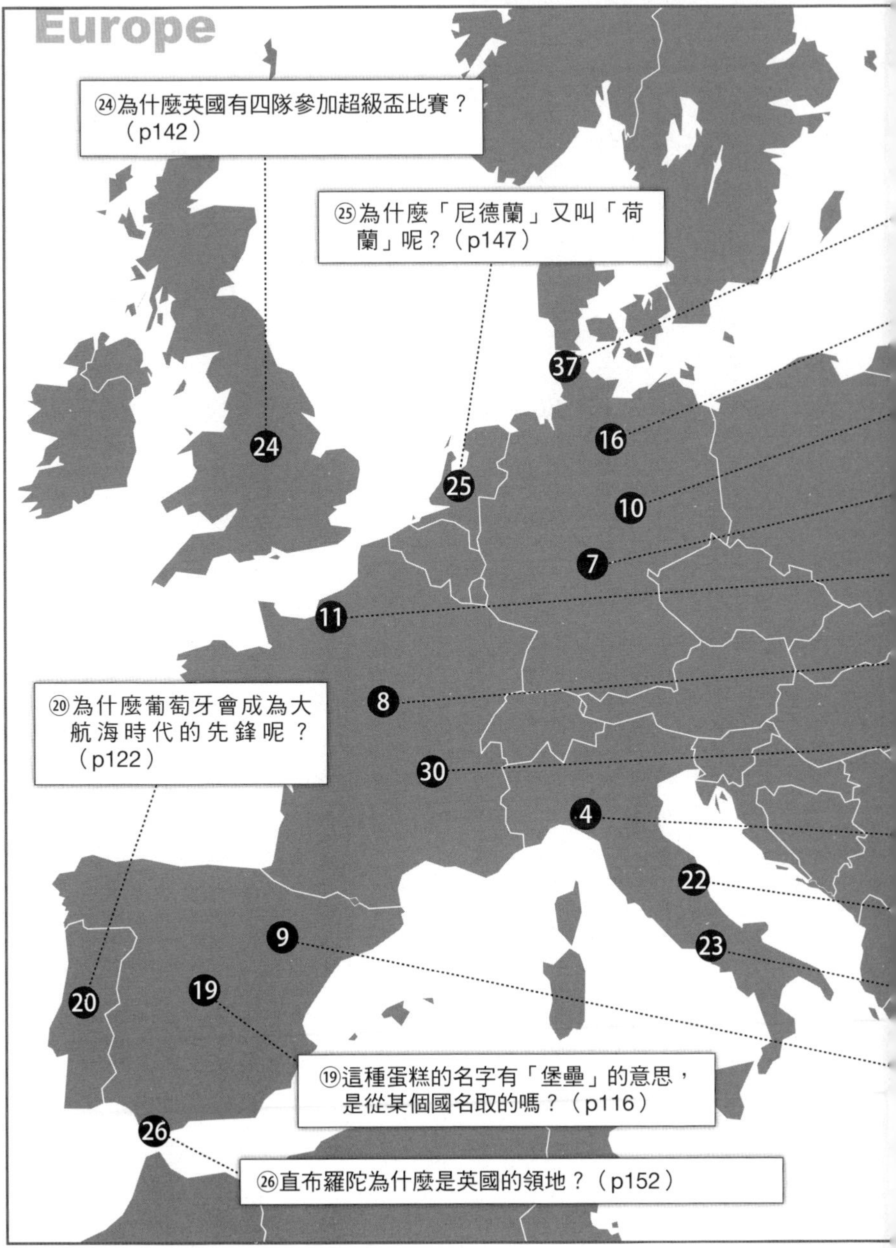
Europe
㉔為什麼英國有四隊參加超級盃比賽？（p142）
㉕為什麼「尼德蘭」又叫「荷蘭」呢？（p147）
⑳為什麼葡萄牙會成為大航海時代的先鋒呢？（p122）
⑲這種蛋糕的名字有「堡壘」的意思，是從某個國名取的嗎？（p116）
㉖直布羅陀為什麼是英國的領地？（p152）
37
24
16
25
10
7
11
8
30
4
22
9
23
19
20
26

序

——從地理・地名・地圖之「謎」概括世界歷史的第一本書

近年來，許多世界史相關書籍成為話題。

我想很可能是因為愈來愈多讀者為了了解世界情勢的變動，現在的世界是經過怎樣的過程而形塑出來的？因而再度燃起學習的欲望。

本書的撰寫也以離開學校後、有段時間沒有機會學習「世界史」的人為對象，讓這些讀者能**重新學習世界史的基礎**。目的是希望以一冊的篇幅，概括掌握從文明誕生到第二次世界大戰後的世界歷史走向。

因此，本書大約是比國中、高中課本再深一點點的程度。這樣一來，即使對**世界史完全**

沒興趣的人，也能輕鬆閱讀吧。

不過，若只是平鋪直敘地解說世界歷史的歷程，未免太過單調，而且讀完後，恐怕也很難停留在讀者的記憶中。

因此，本書不是單純地按照時間順序來解釋世界通史，而是在敘述世界史的主題前，特別設計了「**關於地理、地名、地圖的趣味雜學知識**」：

「為什麼德國周邊有很多都市叫做『○○堡』呢？」

「南韓首都Seoul的中文怎麼寫？」

「美國的州界為什麼有的是直線，有些是曲線？」

我們會從這類單純的問題出發，運用關聯性來學習世界的歷史。

讀者不但能藉此**輕鬆愉快地閱讀**，也**容易牢記不忘**。當然，你也可以把它當成一本**關於「地理、地名、地圖」的雜學書**就好。

此外，每一個主題，都**會用到許多地圖或圖表**，幫助大家容易理解。

另外，本書請到的審閱老師，是在高中執教多年，同時也是北海道教育大學教授、

ＮＨＫ電視講座講師、教科書撰稿者，深受大家敬愛的**宮崎正勝老師**。在此先致上謝意。

最後，在本書發行前夕，借序言一角，對「實業之日本社」學藝出版部總編輯荻野守先生在各方面的大力支持，謹此致上最深的感謝。

福田智弘

目次

第1章

從四大文明開始的世界變遷

1 美國「藍調聖地」的地名可以追溯到埃及嗎？

地名之謎

蘊育普里斯萊的音樂之都「孟斐斯」

美國田納西州的**孟斐斯**（Memphis），是有「貓王」美譽的歌手——艾維斯・普里斯萊（Elvis Presley）生長以及告別人生的城市。直到今日，他的宅邸「雅園」和「搖滾與靈魂博物館」，仍舊擠滿了觀光客。孟斐斯也被稱為「藍調聖地」，走在城裡，隨處可聞的音樂，想必滋潤著來客的心吧。孟斐斯真是名副其實的「藍調及搖滾的發祥地」。

但是你可知道，**這個城市的名字，並不是原創的？**

當這個城裡住了許多窮人的時代，他們決定借用古代繁榮一時的都市名字，為這個城取名，將希望寄託予未來。而那個古代都市的名字，便是古埃及王朝的首都「孟斐斯」。

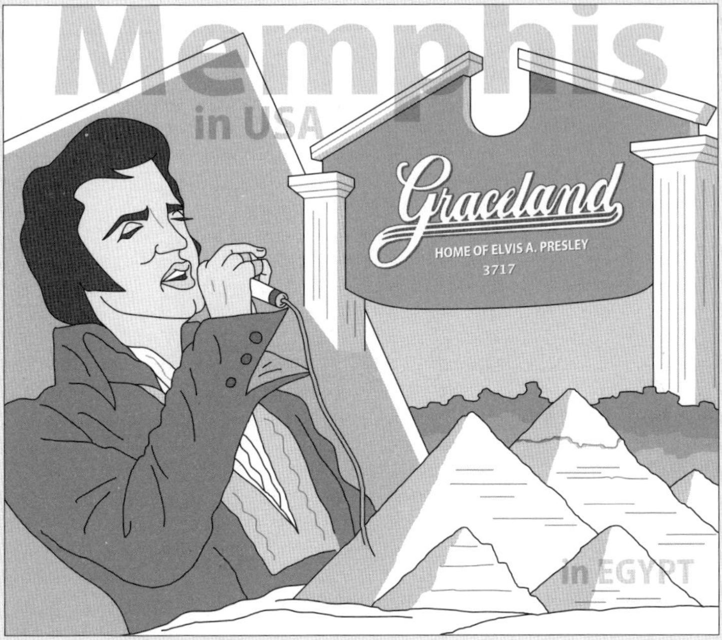

孟斐斯位於尼羅河三角州的頂點，讓在尼羅河上、下游航行的船隻停靠，因而聚集了豐富的物資。「埃及」這個地名，也是由孟斐斯的古名變化而來。

雖然沒有搖滾樂和藍調音樂，公元前的埃及首都孟斐斯的繁榮程度，可是遠遠超越現在美國「藍調聖地」的孟斐斯。

◈偉大文明誕生於四大河流的沿岸地區

世界最初的文明，在中緯度地帶的四個大河流域地區孕育產生。尼羅河流域的埃及文明；底格里斯、幼發拉底兩河流域的美索不達米亞文明；印度河流域的印度文明；和黃河流域的黃河文明等，這些地區乃是世界史發祥的核心。

古希臘歷史家希羅多德對古埃及的看法，認為「**埃及是尼羅河的恩賜**」。由於尼羅河會定期性的氾濫，為該流域帶來肥沃的土壤，因而產生了富饒的農業地帶。埃及為沙漠和大海所圍繞，這樣的地形也讓他們較少受到異族入侵，維持了長期的高度文明（**埃及文明**）。公元前三〇〇〇年左右，在「**法老**」王的統治下，建立了統一的國家，**孟斐斯**因而繁榮。此外，用兩百三十萬個平均二．五噸石塊堆積而成的古夫金字塔，正可象徵法老的權力與國家的繁榮。

底格里斯河、幼發拉底河流域，同樣也在公元前三〇〇〇年左右，發展出燦爛的**美索**

◎文明從乾燥地帶的大河流域產生
殷都（殷墟）
戈壁沙漠
天山山脈
黃河
地中海
美索不達米亞文明
庫倫山脈
黃河文明
底格里斯河
喜馬拉雅山脈
孟斐斯
幼發拉底河
烏爾
蘇萊曼山脈
哈拉巴
埃及文明
摩亨卓達羅
印度河
印度文明
尼羅河

不達米亞文明。但是這個地區與埃及不同，周邊各個不同種族的遊牧民來來去去，多個王朝、民族興起，然後又滅亡。像是根據「以牙還牙」的實質報應原則、創立**漢摩拉比法典**的巴比倫第一王朝（公元前一八九四年～公元前一五九五年左右），後來被以戰車和鐵製武器征服其他民族的西台人消滅。之後，又有靠著地中海貿易而繁盛的腓尼基人、在巴勒斯坦發展的希伯來人（猶太人）等，不同民族、國家，都在這塊地方一再興起。

這兩個地區，從後來的歐洲來看，正好位於「東方，日升之地」，所以，都稱呼它們為「**東方**」。

◈封閉地區興起的兩大文明

稍晚之後的公元二三〇〇年左右，印度河流域出現了**印度文明**。印度的四周為喜馬拉雅山脈、蘇萊曼山脈與廣大的印度洋所包圍，形成了獨特的文明。摩亨卓達羅、哈拉帕等都是當時的代表遺跡。公元前一〇〇〇年左右，雅利安人自西北入侵，形成了婆羅門教與種姓制度，同時也將中心移到恆河流域。

在東亞，黃河流域誕生了文明，就是**黃河文明**。黃河含有從沙漠沖刷而來、具高營養價值的黃土，在流域堆積成肥沃的土壤，相對地，下游的河床也因黃土堆積而屢屢泛濫。為防堵泛濫的治水工程，讓歷代王朝十分頭痛。但藉著大規模的治水事業，也建立起強大的中央集權體制。這塊地由於有沙漠、山脈、大草原的圍繞，形成了一個封閉的世界。

西亞後來興起了一個橫跨地域的大帝國，而在地形上封閉性較高的南亞（印度）和東亞（中國），各自在封閉的地區裡，延續著王朝的興亡。

2

埃及神殿得以建設，全拜世界最大內海所賜？

〉腓尼基人與希臘文明

地理之謎

黎巴嫩盛產杉樹而聞名

埃及與美索不達米亞是世界上首開文明之先的地區，但是，這些區域地處沙漠，沒有森林資源，話雖如此，他們也需要木材來建築神殿或宮殿。那麼，**埃及和美索不達米亞的人，究竟是如何獲得木材呢？**

其實，這些地方的人，仰賴進口木材。阿拉伯半島頂點的黎巴嫩，位於地中海的東端，它的名字在阿拉伯語中有「白色」之意，源自於從地中海看到的山脈白雪。黎巴嫩這個從海上而取的地名，自古也以生產可作為建築材料的「黎巴嫩杉」聞名。居住在這個地區的腓尼基人，經由世界最大的內海——地中海進行海上運輸，將當地名產黎巴嫩杉出口到大消費地埃及。如果沒有運用地中海的貿易路徑，古埃及文明也許不會如此高度成長。

另外，現在黎巴嫩國旗的正中央，畫的正好是名產「黎巴嫩杉」。

世界史的延伸

◈腓尼基人走遍地中海的遺跡

腓尼基人藉著出口黎巴嫩杉而大為繁榮，獨占了地中海貿易。他們與地中海周邊的地區交易，建造了多座殖民城市。

因為這個緣故，地中海沿岸的地名，不少都是源自於腓尼基語。像是「西西里島」的「西西里」，在腓尼基語中是「農民的土地」之意，「馬爾他島」則有「避難所」的意思。「薩丁尼亞島」的名字來自它的形狀，意味著「足跡」。而北非的「迦太基」，意指「新城市」，它曾是腓尼基人的代表性殖民都市，對腓尼基人來說，它的確是個「新市鎮」。此

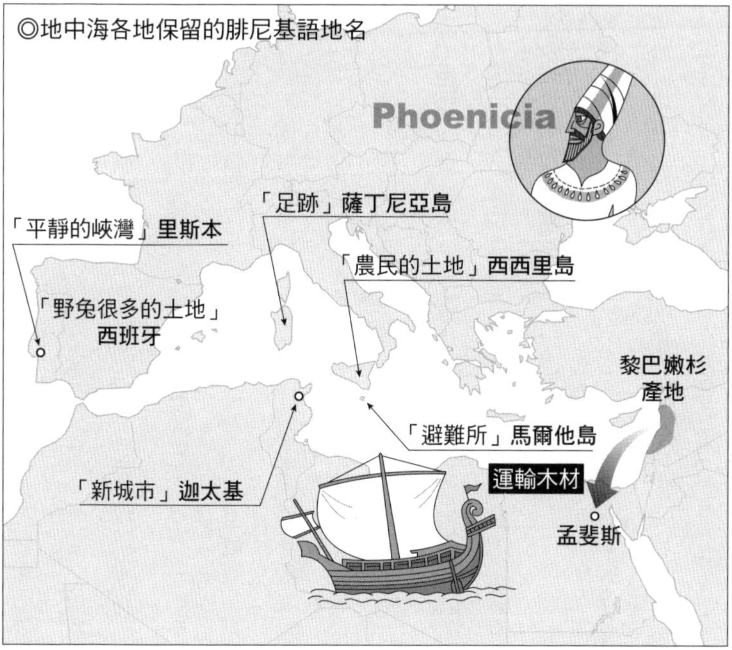
◎地中海各地保留的腓尼基語地名
Phoenicia
「足跡」薩丁尼亞島
「平靜的峽灣」里斯本
「農民的土地」西西里島
「野兔很多的土地」
西班牙
黎巴嫩杉
產地
「避難所」馬爾他島
運輸木材
「新城市」迦太基
孟斐斯

外，地中海西邊伊比利半島上的葡萄牙，其最大都市里斯本，也來自腓尼基語，意思是「平靜的峽灣」。「西班牙」這個國名的源由，也以腓尼基語「野兔很多的土地」的說法最有力。

此外，腓尼基人保存到現代最大的遺產，應該算是**字母**吧。英語、俄羅斯語標記用的字母，就是根據腓尼基文字所創造出來的。

◈古希臘的發展與衰退

不久之後的公元前八世紀，**希臘**在地中海沿岸不斷擴展城市國家

（**城邦**，Polis），成為新的勢力。但是希臘地形多山，少有適合人居的平地。

因此，一旦城邦成長，人口增加，希臘人便在地中海和黑海沿岸建設殖民都市，尋找活路。然而希臘雖然擴大統治地區，促進貿易活動，但它的東方卻有個巨大的帝國，那是當時世界上唯一的帝國——**阿契美尼德王朝**（Achaemenid Empire）。

公元前五五〇年，伊朗人（波斯人）建立了阿契美尼德王朝。如同次頁地圖所示，它的領土西起埃及和愛琴海，東至印度河流域，成為當時最大的帝國。從地圖就可以知道，由於帝國勢力範圍擴張到愛琴海和黑海沿岸，希臘各城邦一再受到它的攻擊。

公元前五〇〇年，以雅典為中心的希臘城邦，與阿契美尼德王朝的戰火一觸即發，那就是**波希戰爭**。最後，希臘軍隊兩次擊潰波斯軍隊的進攻，保住了城池。

波希戰爭就如同日本史上的蒙古來襲，希臘奇蹟似地擊敗大國阿契美尼德，這是我們需要特別留意的重點。

古希臘在雅典的領導之下，各個領域的文化都有著長足的發展。他們相信**奧林匹亞眾神**，在多神教的信仰下誕生了神話，留下出色的敘事詩與希臘悲劇（戲劇）。

自然科學的領域上，出現了以「畢達哥拉斯定理」而聞名的畢達哥拉斯，在哲學領域

◎希臘勇敢面對巨大帝國的進攻
愛琴海
雅典
黑海
斯巴達
阿契美尼德王朝（波斯帝國）
（阿契美尼德王朝最大疆域）

上，則有**蘇格拉底**、柏拉圖、亞里斯多德等，哲人輩出。

以帕德嫩神廟為代表，在建築、美術、工藝各方面都有可觀的進展。

但是，希臘的商業社會維持得並不長。後來，有力的城邦互相傾軋，整個社會從內部開始腐壞。

3 為印度取名的人是那位「英雄」嗎？

〉亞歷山大大帝與希臘化文明

地名之謎

西歐人的東征，與印度這個名字有關係？

自近代以後，某特定人物為都市取名，或是以某人物作為都市名的例子比比皆是，應該不會讓人覺得奇怪吧。但是，**像「印度」這個名稱自公元前便已存在，如果它是由某個人所命名，那就很驚人了**。而且，如果告訴你那個人不是印度人，還是歐洲人的話，你肯定會更加吃驚吧。

其實，為「印度」命名的人，是從希臘北方馬其頓出發，打倒波斯阿契美尼德王朝的亞歷山大大帝。

亞歷山大大帝遠征到遙遠東方的印度河流域時，看到大河湍湍，便用梵語中意為「河

流」的「hindu」，將這條河取名為「印度（河）」（Indus）。從此之後，印度河附近的地區，都稱之為「印度」（India）。

世界史的延伸

◈亞歷山大大帝建立融合地中海與西亞的大帝國

前述提到，希臘各城邦的內部爭鬥，使得**馬其頓**趁勢崛起，取代了失去勢力的希臘各城邦。馬其頓國王菲利普二世在公元前三三八年，攻破希臘的底比斯與雅典聯合軍隊，不久，除了斯巴達之外，他已將整個希臘城邦都納入版圖之中。

這位馬其頓國王菲利普二世，不但在軍事上極具長才，對文化也有濃厚的興趣，從聘請名滿希臘的亞里斯多德作為兒子的家庭教師就可見一斑。而向亞里斯多德學習，長大成人的王子，就是後來的**亞歷山大大帝**。亞歷山大在父王死後登上王位，短短兩年之後，即公元前三三四年，他未考慮太多便率領馬其頓與希臘聯軍，遠征**當時世界上唯一的帝國阿契美尼德王朝**。當時他才二十二歲。

遠征東方的亞歷山大軍隊意外地連戰皆捷，渡過海峽，進入阿契美尼德王朝的領土，在伊蘇斯戰役中打敗波斯軍，從那裡進軍西海岸附近，長驅直入埃及。被波斯統治多年的埃及人民，視亞歷山大如救星，大表歡迎。亞歷山大的軍隊因而士氣如虹，而亞歷山大大帝決定在孟斐斯的西方建造一座冠上他姓氏的都市，稱之為「**亞歷山卓**」。之後在阿貝拉戰役中勝利後，亞歷山大的軍隊終於滅了波斯帝國，進軍到印度河流域。但是，士兵們不願再繼續東進，因此，便在印度河流域結束了遠征。亞歷山大大帝打倒了世界上唯一的帝國，奠定地中海、西亞、印度三個帝國分立的基礎，成為名震後世的大人物。

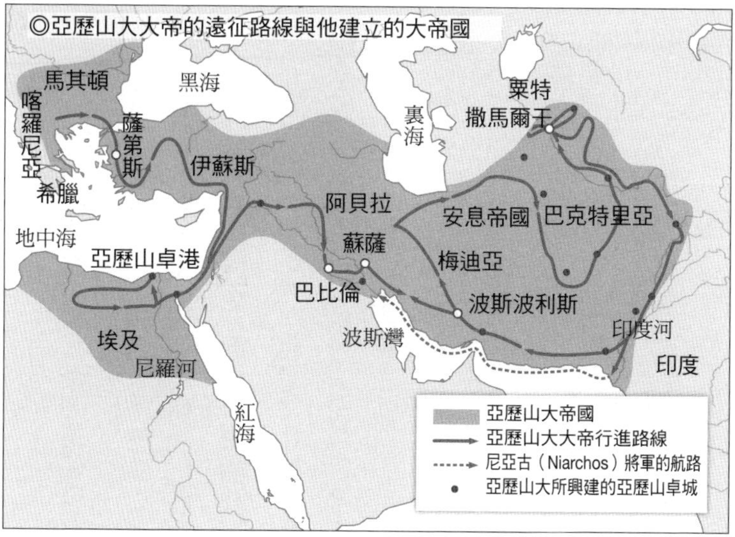
馬其頓
黑海
喀羅尼亞
薩第斯
伊蘇斯
希臘
地中海
亞歷山卓港
埃及
尼羅河
紅海
裏海
阿貝拉
蘇薩
巴比倫
波斯灣
安息帝國
梅迪亞
波斯波利斯
粟特
撒馬爾干
巴克特里亞
印度河
印度
亞歷山大帝國
亞歷山大大帝行進路線
尼亞古（Niarchos）將軍的航路
亞歷山大所興建的亞歷山卓城

◎亞歷山大大帝的遠征路線與他建立的大帝國

◈繼承波斯帝國的希臘文化

除了埃及之外，亞歷山大大帝也在各地建造「亞歷山卓」城，總數約有七十座。現在可證實的有二十五座。

此外，他積極地在被他征服的波斯帝國推行**融合政策**。因此，他與被消滅的阿契美尼德王朝公主締結婚姻關係，也獎勵自己的將官迎娶波斯皇室、貴族的女兒。

公元前三二三年，亞歷山大大帝罹患熱病，死於巴比倫。他遠征東方十幾年，卻在三十二歲時結束短暫的一生。

他死後，將領發動的爭奪繼承權戰爭長達二十年以上，最後帝國被瓜分為安提哥那王國（馬其頓）、塞流卡斯王國（敘利亞）、托勒密王國（埃及）等。

但是，由於亞歷山大大帝的遠征東方和融合政策的功勞，希臘文明得以傳布到東方，形成獨特繁盛的**希臘化文明**。

希臘化文明的影響力無遠弗屆，甚至超越了亞歷山大大帝建立的帝國疆域。東方和印度周邊的佛教藝術與犍陀羅藝術，也因為受到希臘化文化的影響而蓬勃發展。

另外值得一提的是，從亞歷山大大帝東征開始，到帝國分裂後，存在時間最久的托勒密王國因女王克麗奧佩脫拉死去而滅亡為止，其間約三百年的時間，就稱為**希臘化時代**。

4

為什麼迦太基軍隊（漢尼拔）不經過地中海，而越過阿爾卑斯山進攻羅馬？

〉羅馬帝國的興亡

地理之謎

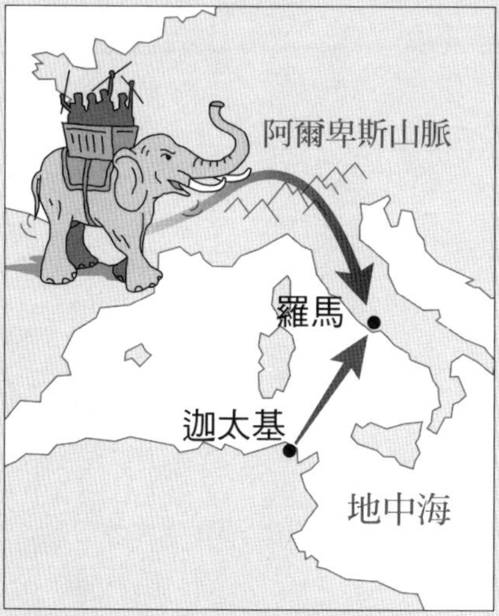

率領象群，大膽越過阿爾卑斯山的漢尼拔

公元前三世紀，羅馬人統一義大利半島，開始將勢力延伸到地中海，但有個人物卻讓他們掉入恐怖的深淵，他就是迦太基的猛將漢尼拔。

他率領四萬士兵與三十七頭軍象，越過阿爾卑斯山脈，進攻羅馬。在公元前二一六年的坎尼（Cannae）戰爭，將號稱雙倍於迦太基兵力的羅馬軍隊玩弄於股掌間，把自己軍事上的才華發揮得淋漓盡致。但是，看到前頁的圖即可明瞭，迦太基與羅馬隔著地中海遙遙相對，為什麼不直接從海上進攻，而要**專程繞遠路，越過阿爾卑斯山進入羅馬呢？**

主要是為了達到軍事上出人意表的效果，同時，也因為義大利半島周邊的島嶼，都已在羅馬的掌控下。但是，更重要的是，開戰之時，漢尼拔並不在祖國迦太基。他在幼年時便已渡海到受到迦太基影響的西班牙，努力擴展迦太基的勢力。順道一提，西班牙「巴塞隆納」（Barcelona）這個都市的名字，是為了紀念漢尼拔的父親哈米爾卡・巴卡（Hamilcar Barca）而取的。因此，他才採取從西班牙經陸地進攻羅馬的方法。

世界史的延伸

◈羅馬不是一天造成的（往地中海帝國之路邁進）

迦太基是曾經獨占地中海貿易的腓尼基人所建的新城市，由於西地中海開發較晚，由他們獨占並且統治。隔海相對的羅馬於公元前三世紀統一了義大利半島，與希臘商人合作，欲與迦太基爭奪地中海的霸權（**布匿戰爭**〔the Punic War〕）。第一次布匿戰爭，羅馬艱苦贏得勝利，占領了西西里島。第二次布匿戰爭，漢尼拔的猛烈攻擊震撼羅馬，但羅馬採取直搗迦太基本土的策略，逼得漢尼拔不得不退回非洲大陸，好不容易才取得勝利。而在漢尼拔死後，羅馬繼續發動第三次布匿戰爭，終於成功殲滅迦太基。羅馬奪得地中海的霸權，逐漸轉變為實實在在的地中海大國。

之後，**凱撒**成功遠征現在的法國高盧地區，擴大了勢力。然而，凱撒卻遭人暗殺過世。凱撒死後，安東尼與托勒密王國的埃及女王**克麗奧佩脫拉**結盟，對抗凱撒的養子屋大維，最終由屋大維獲勝。失敗的安東尼與克麗奧佩脫拉自殺死亡，埃及的托勒密王國覆滅，成為羅馬的行省。延續約三百年的希臘化時代也因而告終。

勝利的屋大維獲得「**奧古斯都**（至尊者）」的稱號，在公元前二十七年，登上實質的皇帝之位。從此之後的兩百年間，羅馬帝國走向繁榮輝煌的時代。後世將這個時代稱之為「羅馬和平」。

◈條條大路通羅馬（羅馬的繁榮）

跨越公元前後的時期，「海上帝國」羅馬有了長足的進展。羅馬大興土木，完成了稱得上「條條大路通羅馬」四通八達的道路網，以及下水道、浴場、圓形競技場、萬神殿，社會的基礎建設趨於完備，羅馬城的定居人口高達一百萬人。

號稱「**五賢帝**」的諸皇時代（九六～一八〇年）是羅馬帝國最鼎盛的時期。其中在圖拉真皇帝時代，羅馬帝國的疆域擴展至最大，幾乎環繞整個地中海的周邊範圍都被納入帝國的領土之內。

但是，羅馬帝國的長治久安看似永恆不變，卻緩緩地奏起滅亡的終曲。五賢帝時期結束時，國家財政出現困窘，入不敷出，軍隊擁立的皇帝登基後卻遭到暗殺，政治一直處於不穩定的狀態。

但在另一方面，「羅馬和平」這個時代，發生了影響後來世界史的大事，那就是**基督教**的成長。

當時，羅馬的領地巴勒斯坦，出現了一個倡述神無條件的愛與愛人如己的人，他就是耶穌。據稱，公元三〇年左右，耶穌在耶路撒冷郊外的各各他山，被釘死在十字架上。之後，

◎羅馬在地中海四周的發展
第一次布匿戰爭開始前的羅馬版圖
圖拉真皇帝時代的領土
戴克里先皇帝時四帝共治的疆界線
395年東、西羅馬帝國分裂的疆界線
不列顛尼亞
北海
波羅的海
倫蒂尼亞姆
（倫敦）
盧泰西亞
（巴黎）
日爾曼尼亞
文多波納
（維也納）
大西洋
高盧
達基亞
馬西利亞
（馬賽）
多瑙河
義大利
拜占庭
黑海
裏海
羅馬
龐貝
西班牙
薩貢多
尼西亞
亞美尼亞
雅典
以弗所
安息帝國
西西里
科林斯
迦太基
美索不達米亞
地中海
基督教的誕生
大馬士革
亞歷山卓
埃及
耶路撒冷

門徒傳布耶穌的教義和他復活的事蹟，誕生了基督教。

基督教受羅馬迫害了一段時間，但公元三二四年即位的康士坦丁皇帝，終於公開承認了基督教。他為了強化帝國的統一，承認所有宗教的信仰自由。

5 為什麼中亞的地名有那麼多「〇〇斯坦」？

〈波斯各國的勃興〉

地方
斯坦

地名之謎

「斯坦」之名與波斯帝國的關係

打開世界地圖，你可能會注意到在歐亞大陸的正中央，中亞細亞周邊有很多叫作「〇〇斯坦」的國家。因為「〇〇斯坦」實在太多了，所以不久前，哈薩克總統甚至表明有意把國名中的「斯坦」摘除。而且這是有前例的，哈薩克東南方的吉爾吉斯，以前的名字叫做吉爾吉斯斯坦，一九九三年時變更了國名。

為什麼叫「〇〇斯坦」的國家這麼多呢？

「斯坦」是波斯語系的地名接尾詞，有「〇〇之國、地方」的意思。三世紀建國的薩珊王朝（波斯）開始使用「〇〇斯坦」作為「〇〇地方」的行政名稱，從此之後便普及到整個

◎中亞細亞有許多「〇〇斯坦」

烏茲別克斯坦
哈薩克斯坦
土庫曼斯坦
塔吉克斯坦
阿富汗斯坦
巴基斯坦

中亞地區。

不過國名演變到今天，大多經過了許多迂迴轉折。古地名「阿富汗斯坦」在被併入蘇聯的時候，曾經去掉「斯坦」二字，改名為「阿富汗共和國」。但是，蘇聯垮台時，國名又改成阿富汗斯坦。直到二十一世紀的現在，改變國名的爭議再度興起。

◈讓羅馬吃盡苦頭的安息回馬箭

如同前述所說，亞歷山大大帝死後，帝國分裂成三塊，西亞、中亞細亞地區，成為希臘

◎亞歷山大帝國的分裂
安提哥那王國
馬其頓
黑海
裏海
鹹海
犍陀羅
佩拉
帕加馬王國
亞美尼亞
巴爾赫
雅典
薩第斯
安息帝國
巴克特里亞王國
塞琉西亞
赫卡通皮洛斯
塔克西拉
地中海
塞流卡斯王國
亞歷山卓
耶路撒冷
敘利亞
格德羅西亞
孔雀王朝
托勒密王國
埃及
波斯波利斯
阿拉伯

亞歷山大帝國分裂成三個之後，統領亞洲的是敘利亞的塞流卡斯王國，後又獨立出巴克特里亞和安息兩王國。

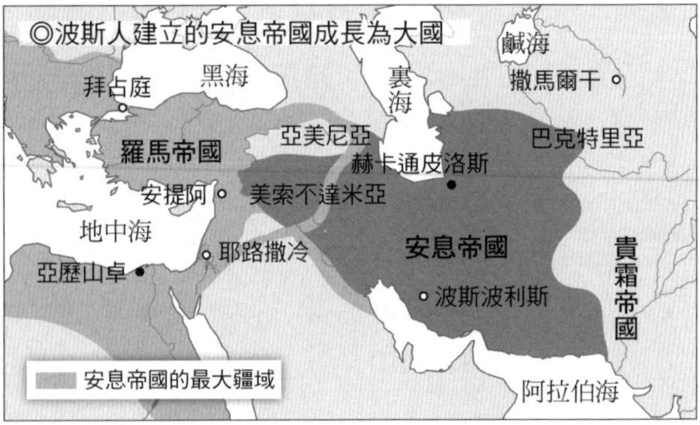
◎波斯人建立的安息帝國成長為大國
鹹海
拜占庭
黑海
裏海
撒馬爾干
亞美尼亞
巴克特里亞
羅馬帝國
赫卡通皮洛斯
安提阿
美索不達米亞
地中海
耶路撒冷
安息帝國
亞歷山卓
波斯波利斯
貴霜帝國
安息帝國的最大疆域
阿拉伯海

塞流卡斯王國的敘利亞領域。但公元前二五五年左右，希臘人在中亞細亞獨立，建立巴克特里亞王國。波斯（伊朗）的阿爾沙克一世（Arshak）在此刺激下，率領了伊朗游牧民族入侵西亞，建立**安息帝國**。

也就是說，在公元前三世紀的西亞和中亞細亞，存在著三個國家，分別是塞流卡斯王國的敘利亞、巴克特里亞和安息帝國。

其中最為繁盛，延續最久的便是波斯人的安息帝國。

安息興盛之後，屢屢與國境接壤的羅馬對立。安息人最得意的輕裝騎兵，可以騎在馬上回頭射箭，這種機動性的攻擊，讓羅馬吃足了苦頭。

他們的這套絕技叫做「**安息回馬箭**」，在當時可說威震四方。

◈復興伊朗文明的薩珊王朝

公元二二六年，**薩珊王朝**打敗安息，成為這個地區的霸主。

薩珊王朝雖為波斯人建立的國家，但它與游牧民族的安息帝國大為不同，最大的特徵就是以農耕、定居型的民族為主。

薩珊王朝雖與羅馬帝國（東羅馬帝國）及騎馬游牧民族嚈噠（Hephthalite）長年興兵爭戰，但仍然一直延續到七世紀中葉。

羅馬帝國進入衰頹期後，已漸漸為薩珊王朝所控制，這段時期是**伊朗文明**的第二黃金期。

在宗教上，他們以公元前七世紀創立的**祆教**（**瑣羅亞斯德教**）為國教，編纂了教典《阿維斯陀》。

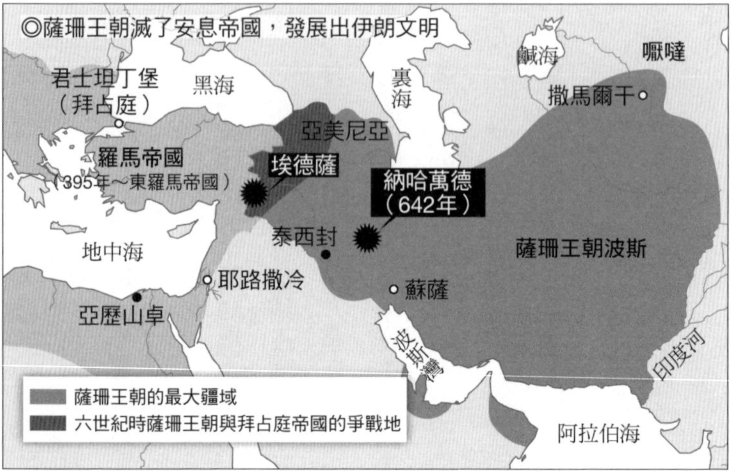
◎薩珊王朝滅了安息帝國，發展出伊朗文明
君士坦丁堡
（拜占庭）
黑海
裏海
鹹海
嚈噠
撒馬爾干
亞美尼亞
羅馬帝國
（395年～東羅馬帝國）
埃德薩
納哈萬德
（642年）
泰西封
地中海
薩珊王朝波斯
耶路撒冷
蘇薩
亞歷山卓
波斯灣
印度河
阿拉伯海
薩珊王朝的最大疆域
六世紀時薩珊王朝與拜占庭帝國的爭戰地

此外，在祆教中融入基督教與佛教教義，誕生了摩尼教，也是在薩珊王朝的時代。

薩珊王朝還有一個特徵，那就是此時創作出銀器、玻璃器皿、編織等**精巧的美術**、**工藝品**。這些美麗的藝品經由絲路，從中國傳到了日本。

在日本京都正倉院，可看到波斯風格的水瓶、玻璃碗等造型華美的珍貴器物，這些都是從遙遠的薩珊王朝千里迢迢流傳過來的。

6 吟頌出著名〈赤壁賦〉的地點，並不是發生赤壁之戰的地點，真的嗎？

〉中國王朝的變遷

地圖之謎

三國演義的激戰地「赤壁」在什麼地方？

在東漢滅亡後，魏、蜀、吳三分天下，互爭霸權，進入三國時代。這個時代的戰爭被寫成了《三國演義》，成為小說、電影，甚至遊戲的主題，是大家都耳熟能詳的故事。而在《三國演義》的時代，劉備與孫權聯軍，於「赤壁之戰」打敗了勢力強大的曹操，對後來的三國鼎立有著舉足輕重的影響，它也因為是電影《赤壁》的背景主題而再掀風潮。

距離戰役的八百多年後，一位文人來到這個古戰場，他就是宋朝的蘇軾（蘇東坡）。在長江上泛著一葉小舟，吟頌了美麗的詞句，就是著名的〈赤壁賦〉。一句「此非孟德之困於周郎者乎」，令人想像出曹操的苦戰。但是，**蘇軾寫下這篇名文的地點，其實並不是赤壁之**

戰的古戰場。

赤壁之戰的古戰場，位於中國湖北省赤壁市的西方，岩壁表面上刻了大大的「赤壁」二字，十分顯目。但蘇軾吟頌〈赤壁賦〉的地點，在湖北省黃岡縣，如上圖所示，兩地有一段距離。據說蘇軾明知地點不對，但仍寫下這段賦文。

現在兩地分別被稱為「文赤壁」與「武赤壁」，都已成為觀光景點了。

中國第一個王朝是**夏朝**。雖然有愈來愈多證據，證明它的存在，但現在可以確認的最古老王朝是興於公元前十六世紀的**商**（殷）朝。然而，商朝在公元前十一世紀時，被**周**朝所滅。

之後，周朝因為與周邊民族的爭戰不止，國力漸衰，從公元前八世紀開始，數個小諸侯國爭奪霸權，開始了**春秋戰國時代**。這個群雄爭霸的時代中，許多思想家嶄露頭角，提倡建立新的秩序。包括儒家始祖孔子，與繼承其學說的孟子、荀子，道家祖師老子和莊子，以兵法聞名的孫子等。史上將這些思想家稱之為**諸子百家**，他們的言論分別整理成《論語》和其他書籍，不只對現代的中國，也對全世界形成巨大的影響。像是「吳越同舟」、「臥薪嘗膽」、「過猶不及」等成語，都源自於春秋戰國時代，有許多用詞連現在的日本也還在使用。

這段混亂的年代，在公元前二二一年，**秦**王政統一天下後終於落幕。他使用「皇帝」的稱號取代了以往的「王」，自命為「**始皇帝**」，自詡為與天神（天帝）相匹敵的絕對統治者。從此之後，中國便開始周而復始、由神所賦權的皇帝來統治人民的帝國歷史。秦朝結束長年戰亂，統一中國，它的名字，流風遺緒仍存。中國的英文名稱「China」，和日本舊

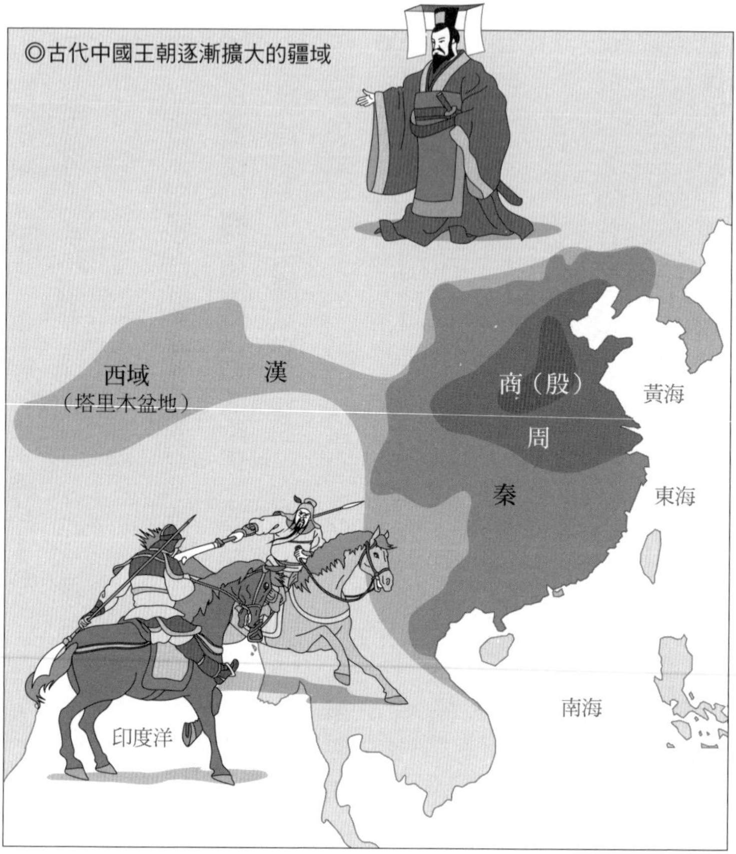
西域
（塔里木盆地）
漢
商（殷）
周
秦
黃海
東海
南海
印度洋
◎古代中國王朝逐漸擴大的疆域

時對中國的稱呼「支那」等，都是源自於「秦」。

◈漢朝滅亡進入三國時代

秦雖然以強大的權力傲視天下，但始皇帝死後，因為對民眾強加過重的負擔而急速衰弱，自統一後短短十五年便已傾覆。後來，劉邦與對手項羽相爭獲勝，統一了中國，成為高祖，開創了**漢朝**。漢朝中間雖有十幾年被別的王朝所取代，但自公元前二〇二年，君臨天下長達四百多年之久。「漢」這個字，也被當作民族的名稱，日本人用的「漢字」，名稱也源自於此。

之後，宗教結社組織農民起義，發動叛變，史稱**黃巾之亂**，嚴重打擊到朝廷宗室，漢朝滅亡。在群雄割據的時代，曹操、劉備、孫權三大勢力脫穎而出，各自建立魏、蜀、吳國，進入**三國時代**。但蜀國在名聲遠播的軍師諸葛亮死後滅亡，魏國將軍司馬炎竄奪王位，建立**晉國**。隨後起兵滅吳，統一了天下。最終，《三國演義》裡各領風騷的三個國家，都沒能統一中國。

公元二八〇年，晉朝雖然滅了吳，統一中國，但只有三十餘年，便被游牧民族所滅。之後，晉皇族雖建立**東晉**，卻難以統一中國，游牧民族割據黃河流域中游一帶，漢人大舉遷至江南、朝鮮半島、日本，進入大混亂時期（**五胡十六國**與**南北朝時代**）。

專題

▼紅海是紅的，黑海是黑的嗎？

不只是陸地，連海的名字也是形形色色，其中特別引人好奇的就是「紅海」和「黑海」。難道海的顏色有紅或黑的區別嗎？

實際上，這兩處的海水也和別處的海一樣是藍色，只是紅海的四周都是沙漠，人們從沙漠的「紅沙」印象，將「紅色沙漠包圍的海」取名為「紅海」。而黑海則是因為波斯人去到該地時，覺得它比波斯灣的海水「暗淡」，因而取名為「暗海」，久而久之，從暗海引伸出「黑色的海」，就成為「黑海」了。

另外，也有「七海」的說法。這是《森林王子》作者魯德亞德·吉卜林在詩作中將「地中海」、「黑海」、「亞德里亞海」、「裏海」、「紅海」、「波斯灣」、「阿拉伯海」稱為七海。從現代人的角度來說，這實在是難以想像且帶有偏見的選擇。

第2章

古代帝國的滅亡與歐洲．亞洲的重組

7

為什麼英語將德國念成「Germany」？

日爾曼民族大遷徙

地名之謎

德國國名裡殘留的歷史痕跡

在翻譯外國國名（簡稱）時，會選擇大致相近的發音，像是「加拿大」與「Canada」、「法蘭西」與「France」、「義大利」與「Italy」、「印度」與「India」等。因此，遇到像**「德意志」與「Germany」這種差別甚大的國名，也許會覺得不太習慣**。但是，其實很多國家的國名，在自稱和翻譯為其他國語言時，都相當不同。像「中國」與「China」的發音便相去甚遠，「匈牙利」人稱自己的國家叫「馬加羅薩克」（Magyarország），他們大概說什麼也想不到，中文名稱被翻為「匈牙利」（Hungary）吧。而日本人聽到中文裡的「日本」，恐怕很多人也不會察覺到那是他們的國名吧。

世界史的延伸

以德國來說，德國人稱自己的國家「德意志蘭德」（Deutschland），而英語中的「Germany」則是源自於「日耳曼人（Germans）」這個詞。它原本有「異鄉人」、「戰士」的意思。讓人不禁驚嘆，原來它的國名還保留著距今一千六百多年前的歷史呢。

◈移居歐洲的「森林居民」

地中海沿岸的北方，越過阿爾卑斯山的大脊梁之後，向東、西擴展開來的地區，也就是寒冷的「**歐洲**」，它原始的景致是「**森林**」。

這個區域的居民從森林獲得豐饒的資源，生長在森林裡，抱著敬畏森林的心過著生活。歐洲的童話中，如《睡美人》、《小紅帽》等，很多故事都以森林作為背景。還有很多源自於「狼」（wolf）的名字，如「阿道夫」（Ardolf）、「魯道夫」（Rudolf），也是這個緣故。

森林地帶的西側，現在法國的周邊，住著凱爾特人（Celt，羅馬稱呼這個地區為「高盧」，叫這個地方的居民為「高盧人」），在凱撒遠征之後，臣服於羅馬帝國。在它的東側，原本居住在波羅的海沿岸的**日爾曼**人漸漸擴大了勢力，逼近到羅馬帝國的國境邊緣。兩者之間曾發生爭戰，但也有日爾曼的傭兵和佃農移居到羅馬帝國境內。

◈建立歐洲基盤的民族遷徙

歐洲的大森林地帶並非千篇一律。越往東或北走，大氣越乾燥，氣候越寒涼。因此，從粗略的角度來看，可以發現歐洲人（民族）從東北部往西和南的方向移動。

公元前四世紀後半，一支來自東方的亞洲騎馬游牧民族「匈人」（Huns）入侵黑海北

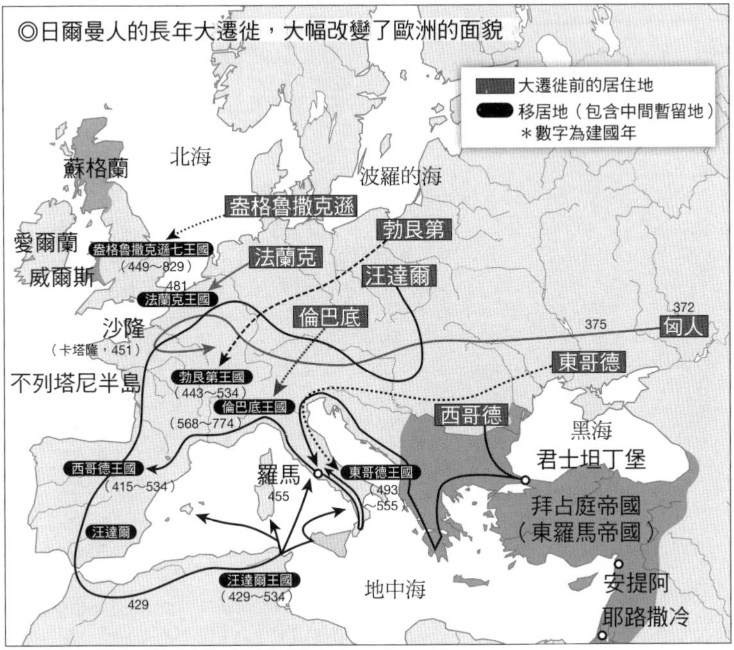
大遷徙前的居住地
移居地（包含中間暫留地）
＊數字為建國年
北海
波羅的海
黑海
地中海
蘇格蘭
愛爾蘭
威爾斯
盎格魯撒克遜
盎格魯撒克遜七王國
（449～829）
法蘭克
481
法蘭克王國
沙隆
（卡塔隆，451）
不列塔尼半島
勃艮第
勃艮第王國
（443～534）
汪達爾
倫巴底
倫巴底王國
（568～774）
375
372
匈人
東哥德
西哥德
西哥德王國
（415～534）
汪達爾
羅馬
455
東哥德王國
（493～555）
君士坦丁堡
拜占庭帝國
（東羅馬帝國）
安提阿
耶路撒冷
汪達爾王國
（429～534）
429
◎日爾曼人的長年大遷徙，大幅改變了歐洲的面貌

岸。這些匈人是什麼民族，尚未釐清。但也有人懷疑他們是不是威脅中國北方，讓歷代王朝興建「萬里長城」抵禦的匈奴人？

受到匈人的壓迫後，東哥德人、西哥德人、法蘭克人、盎格魯撒克遜人等日耳曼各民族如同擠牙膏般，向著西方、南方移動，遷居到羅馬帝國的領地內。這場**日耳曼人的大遷徙**，持續了約二百年之久。

羅馬帝國正如前面所提到，已經失去往日的威勢，再加上日爾曼人的大遷徙，帝國開始呈現混亂的跡象。

自日爾曼人開始移動之後，經過約

二十年，公元三九五年，羅馬皇帝狄奧多西一世將帝國分為東、西兩半，傳給兩個兒子。這個舉動確定了羅馬帝國的分裂，**東羅馬帝國（拜占庭帝國）**以當時帝國的首都君士坦丁堡為首都，而**西羅馬帝國**則以舊都羅馬為首都，兩國分立。

東、西兩個羅馬帝國中，又以西羅馬帝國受到日爾曼民族大遷徙的影響較大（參照前頁地圖）。處於大混亂漩渦中的西羅馬帝國，最後遭到日爾曼人奧多亞塞（Odoacer）致命的一擊。奧多亞塞原是傭兵隊長，在羅馬帝國內位居要職，在義大利境內要求土地的日爾曼傭兵擁戴下，罷黜了羅馬皇帝，將西羅馬帝國導向滅亡一途。這時是公元四七六年，約是日爾曼人開始大遷徙的一百年後。而自此之後，日爾曼人改變了歐洲的樣貌，在各地建立許多個王國。

8 法國人擅長擲鏢槍？
法蘭克王國的發展

地名之謎

「小牛」、「安定的港口」……，各種國名的由來

聽到某地名或國名的由來，有時雖然會有恍然大悟之感，但有時也會出現令人納悶的情況。

比較容易接受的像是用探險家或統治者之名作為國名，例如西班牙到達新土地，便以皇太子菲利普之名，命名該土地為「菲律賓」。而從地形等靈感而命名的國名，例如意味著「安定港口（port）」的「葡萄牙」（Portugal），也很容易聯想得到。

但是，像「義大利」的語源是「小牛」，聽到這個說法，大家的腦中恐怕都會出現問號，無法理解。這種令人納悶的國名其實不少，恐怕得不厭其煩地尋根溯源，了解義大利土地在當時放牧了很多牛，才終於能恍然大悟。

那麼「法蘭西」的名字又是怎麼來的呢？它也屬於後者，**語源是「擲鏢槍」**。「法蘭西」這個國家是從在歐洲擴展勢力的「法蘭克王國」一脈傳承下來的。最初的意思，據說源自於建立法蘭克王國的法蘭克人，都以鏢槍作為主力武器。從這個地方也可以看出這一支日爾曼民族在遷徙後，經歷多次戰爭擴張領土的歷史。

世界史的延伸

◈短命的日爾曼諸國

日爾曼各民族遷徙到最後，終於在大部分土地為森林的歐洲落腳，建立了多個小國。但它們大多很短命。

像是**汪達爾王國**，在昔日迦太基領地、北非的突尼西亞建國，到了公元五三四年，被拜占庭帝國（東羅馬帝國）所滅。

在義大利建國的**東哥德王國**，也受到拜占庭帝國的攻擊，而面臨亡國之憂。

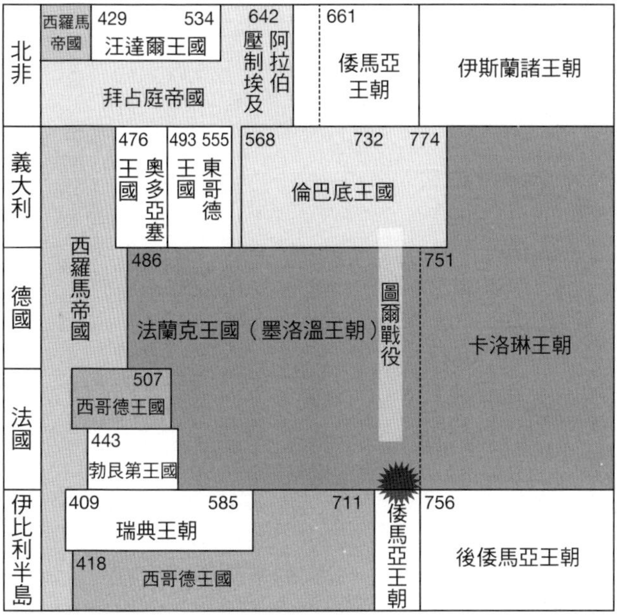
北非
義大利
德國
法國
伊比利半島
西羅馬帝國
429
534
汪達爾王國
拜占庭帝國
642
阿拉伯壓制埃及
661
倭馬亞王朝
伊斯蘭諸王朝
476
奧多亞塞王國
493
555
東哥德王國
568
732
774
倫巴底王國
西羅馬帝國
486
法蘭克王國（墨洛溫王朝）
圖爾戰役
751
卡洛琳王朝
507
西哥德王國
443
勃艮第王國
409
585
瑞典王朝
711
倭馬亞王朝
756
後倭馬亞王朝
418
西哥德王國

此外，在現今法國東南部建國的**勃艮第王國**，則被同屬日爾曼人的法蘭克王國所滅。

西哥德人滯留在羅馬一段時間後，於現在法國西南部建立**西哥德王國**，以土魯斯為首都。但因被法蘭克人打敗，又越過庇里牛斯山，以伊比利半島作為據點。

而更晚在公元五六八年於北義大利建國的**倫巴底王國**，雖然一直到八世紀後半仍保有優勢，但最終還是被法蘭克王國滅亡。

由此可知，在日爾曼諸小國的興滅之間，唯獨擅長鏢槍的法蘭克人建立的「**法蘭克王國**」，紮實地擴大了勢力。

◈法蘭克王國與基督教

法蘭克王國（墨洛溫王朝）的建國者是**克洛維**，他出生時，法蘭克分成了好幾支部族，而他則是其中一支部族的王子，就任王位之後，他為了法蘭克人的統一，開始四處征討，完成他的野心。公元四八一年，他在原先羅馬帝國的邊境上建立了新國家，此時他還不到二十歲。

之後，他將西哥德王國驅趕到伊比利半島，對法蘭克王國疆域的擴大貢獻卓著。他還有另一個重大的決定，那就是他改信**基督教**，而且是奉羅馬教會為正統的**亞他那修派**（Athanasius）。其他日爾曼各族也有信仰基督教，但他們所跟隨的阿里烏派（Arius）被羅馬教會視為異端，所以，這個決定讓法蘭克王國成功地將前羅馬人拉攏到內部。

西羅馬帝國雖然已經滅亡，但身為基督教核心的羅馬教會依然留存下來。不過**羅馬教會**不像拜占庭帝國（東羅馬帝國）的**君士坦丁教會**，與帝國皇帝有著緊密的結盟關係。在西羅

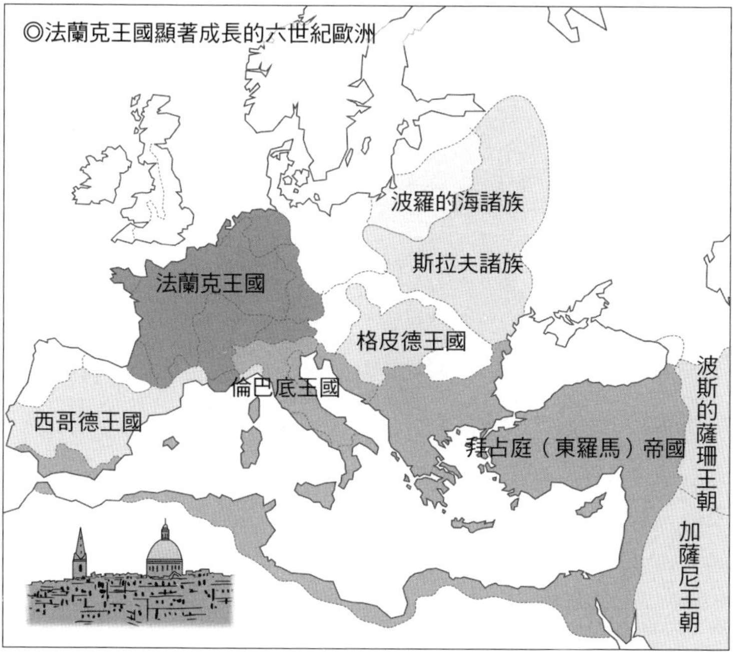
◎法蘭克王國顯著成長的六世紀歐洲
波羅的海諸族
斯拉夫諸族
法蘭克王國
格皮德王國
倫巴底王國
西哥德王國
拜占庭（東羅馬）帝國
波斯的薩珊王朝
加薩尼王朝

馬帝國滅亡後，它失去了政治上的保護者，只好開始向日爾曼民族傳教。

在這樣的狀況中，克洛維的決定成為開端，漸漸加強了法蘭克王國與羅馬教會的聯盟，不論在政治上或宗教上，都成長為與東拜占庭帝國分庭抗禮的勢力。

9

拿破崙錯把伊比利半島當成非洲？

〉伊斯蘭帝國與法蘭克王國

地圖之謎

發展出獨特文化的伊比利半島

法國的英雄**拿破崙曾經說過「庇里牛斯山的後面是非洲」**。從法國看去，庇里牛斯山脈的背後，應該是現在西班牙及葡萄牙國土所在的伊比利半島。當然，拿破崙不可能沒有地理上的常識。拿破崙知道，在庇里牛斯山脈二千公尺到三千公尺的山巒阻隔下，伊比利半島孕育出不同於北邊的西歐各地不同的文化，所以才說出這樣的話吧。

世界史的延伸

從公元元年前後開始的二百年「羅馬和平」時代，伊比利半島、羅馬和現在的法國地區都在羅馬帝國的統治之下。但是，因為日爾曼人的大遷徙，導致西羅馬帝國滅亡，許多西歐土地都成為法蘭克王國的領土。但是伊比利半島約有三百年的時間，都由西哥德王國統治。而滅了西哥德王國的民族，是信仰另一種宗教的伊斯蘭勢力。從此之後，伊比利半島長期都由伊斯蘭勢力所控制，形成了更為獨特的文化。

◈伊斯蘭的誕生與伊斯蘭勢力的伸張

麥加是阿拉伯半島上繁榮的商業都市，那裡有一個商人叫做**穆罕默德**。穆罕默德在公元六一〇年的晚上，受到大天使加百列的啟示，自認是唯一真神阿拉的門徒，也是先知，開啟了**伊斯蘭教**的信仰。穆罕默德這時大約四十歲左右。

但是，麥加城當時有很多崇拜偶像的多神教信徒，商人也很多，伊斯蘭批判財富寡占，因此大多數人不願接受它的教義，穆罕默德也遭到迫害。不久後，穆罕默德搬遷到麥地那城（亞斯利普），教友以這裡作為據點開始發展。自從移居麥地那（稱為「聖遷」）後經過八年，穆罕默德終於以不流血方式征服了故鄉麥加，阿拉伯各部族都歸順於穆罕默德之下，阿拉伯半島漸漸統一起來。

六三二年，穆罕默德去世，教徒選出意為繼任者的**哈里發**，繼承他的遺志，四處征討，稱之為聖戰。其戰力聲勢驚人，六三六年，與拜占庭帝國的戰爭獲得勝利，奪得敘利亞。第二年與薩珊王朝的戰爭也得勝，薩珊王朝被伊斯蘭勢力征服，六五一年滅亡。六四二年再敗拜占庭帝國，將埃及納入版圖。這些全都是在穆罕默德死後僅僅十年內達到的成果。

被尊為正統哈里發的第四代哈里發時代，敘利亞總督穆阿維亞將首都從麥地那遷到敘利亞的大馬士革，開啟了**倭馬亞王朝**。倭馬亞王朝往東、西兩邊擴展疆域，滅了伊比利半島的西哥德王國，將陸地帝國與海上帝國統整為伊斯蘭帝國了。

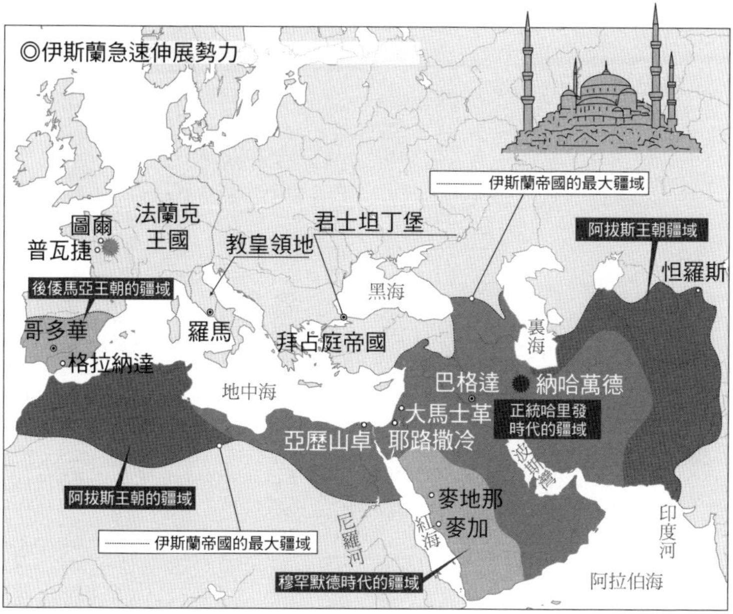
◎伊斯蘭急速伸展勢力
伊斯蘭帝國的最大疆域
阿拔斯王朝疆域
恒羅斯
法蘭克王國
圖爾
普瓦捷
君士坦丁堡
教皇領地
後倭馬亞王朝的疆域
黑海
哥多華
羅馬
拜占庭帝國
裏海
格拉納達
巴格達
納哈萬德
地中海
大馬士革
正統哈里發時代的疆域
亞歷山卓
耶路撒冷
波斯灣
阿拔斯王朝的疆域
麥地那
印度河
尼羅河
紅海
麥加
伊斯蘭帝國的最大疆域
穆罕默德時代的疆域
阿拉伯海

◈法蘭克王國與阿拔斯王朝的發展

伊斯蘭的威力勢如破竹，但在七三二年的**圖爾戰役**敗給法蘭克王國，才阻止他們推進歐洲的野心。法蘭克王國宮相（宮廷總管之意，行政與財政長官）**查理．馬特**遏止了伊斯蘭的攻勢，名氣扶搖直上。不久後，其子丕平就任王位，其孫**查理大帝**滅了倫巴底王國，努力拓展領土，對法蘭克王國的發展貢獻甚大。公元八〇〇年的聖誕節，他接受**羅馬教皇的加冕**，聲稱此為西羅馬帝國復活的象徵。

在拜占庭帝國受到伊斯蘭的侵略而國力衰弱後，法蘭克王國轉變為對抗伊斯蘭的主要勢力。

另一方面，倭馬亞王朝善待阿拉伯人，卻對征服地居民課以重稅的政策遭到了百姓的批評，認為他違背伊斯蘭經典《**古蘭經**》應平等對待所有信徒的教義。

不久後，對倭馬亞王朝的不滿引發了人民叛亂，大家推舉穆罕默德叔父的子孫為哈里發，建立了**阿拔斯王朝**。

阿拔斯王朝建設新都**巴格達**，使該城成為人口一百五十萬的大都市，在政治和文化上都有飛躍的發展。除了將希臘語文獻翻譯為阿拉伯語、研究希臘學問之外，也從印度引進十進位和「0」的觀念，學習中國的造紙法，汲取各地方的知識，將**伊斯蘭文明**帶到最巔峰。

而倭馬亞王室一族逃到伊比利半島，建立**後倭馬亞王朝**。這麼一來，伊比利半島更加成為與西歐其他地區有所區隔的文明了。

10

為什麼德國周邊有很多「〇〇堡」的地名？

法蘭克王國的分裂

地名之謎

許多小國分立的德國

攤開地圖，你會發現德國周邊有好多「〇〇堡」的地名。舉例來說，像是「漢堡」、「布蘭登堡」、「奧格斯堡」、「盧森堡」、「馬格堡」……等，不勝枚舉。為什麼會有這麼多「〇〇堡」的存在呢？「堡」的地名隱藏了什麼意義呢？

其實「堡」（burg）有著「要塞城市」的意義，類似日文「城下町」之意。

如同浪漫街道的終點新天鵝堡等所代表的那樣，德國本就以許多美麗的城堡聞名於世，現在這些城堡也都成為觀光景點。

以前，諸侯領主住在城堡裡，治理周邊的地區。而以**諸侯堡壘或修道院為中心發展起來**

◎德國有許多「○○堡」的地名

漢堡
奧登堡
沃爾夫斯堡
杜伊斯堡
布蘭登堡
馬德堡
貝恩堡
GERMANY
梅澤堡
盧森堡
馬堡
阿沙芬堡
烏茲堡
紐倫堡
雷根斯堡
奧格斯堡
佛萊堡
拉芬斯堡

的要塞都市，就會形成「○○堡」的地名。

反言之，有這麼多「○○堡」的地名或美麗城堡，就表示德國以前有很多小領主存在。

其他歐洲諸國也有類似的字義，像法國的「○○bourg」，英國的「○○burgh」、「○○bury」，俄羅斯的「○○grad」，也是同樣的地名語尾詞。

◈分裂的法蘭克王國

◎法蘭克王國分裂為三

凡爾登條約（843年）
沃爾姆斯
不列塔尼
巴黎
洛林
東法蘭克王國
西法蘭克王國
威尼斯
洛泰爾領地
拉溫納
羅馬

梅爾森條約（870年）
梅爾森
亞琛
不列塔尼
巴黎
洛林
東法蘭克王國（德國）
威尼斯
西法蘭克王國（法國）
義大利王國
拉溫納
羅馬

羅馬帝國分裂後，**法蘭克王國**成為西歐最大的勢力。尤其在查理大帝擴張領土，接受羅馬教皇加冕之後，氣勢宛如榮耀的西羅馬帝國復活一般。但是，這份威望並沒有維持太久。查理大帝死後，繼承王位的路易一世並沒有他父王的器量，將王國交給兒子們繼承時造成嚴重的糾紛。他將領土分封給多名皇子，這個嘗試在短期內相安無事，但路易一世自己卻又撒下混亂的種子。八二三年，他再婚並且又生下一個兒子，父親想將領地分給小兒子的心情，使問題趨於複雜。其他兒子當然拒絕重新分封，於是起兵叛亂。父子、兄弟強烈對立，拉開了戰火的序幕。最後，在路易一世死後，於八四三年簽定**凡爾登條約**，法蘭克王國一分為三。但是，戰禍並未因此平息。八七〇年再度簽署**梅爾森條約**，舊日的王國以接近現在國境的形狀，分裂為西法蘭克王國（後來的法國）、義大利和東法蘭克王國（後來的神聖羅馬帝國→德國）等三國。

◈卡洛林家絕嗣

此後，因為王國分裂為三，卡洛林家族即查理大帝血脈的王室系統逐漸斷絕。最早斷絕的是**義大利**。公元八七五年，梅爾森條約簽定的五年後，內部小君主依舊不斷爭鬥，同時又受到神聖羅馬帝國的干涉，國情動蕩不安。而國內也存在**羅馬教皇的領地**，王國在國際上被迫處於複雜的位置。

東法蘭克王國的卡洛林家族在十世紀初絕嗣。之後，採取諸侯選舉的形式，推選出新王。九三六年，**鄂圖一世**成為國王，由羅馬教皇授予王位。從此之後，皇帝兼任德意志國王，王國也成為「**神聖羅馬帝國**」。但是，「神聖羅馬帝國」照字面定義，應該由「神聖羅馬帝國皇帝」來統治。然而實際上，神聖羅馬帝國並不是一個完整統一的「國家」，而是有許多諸侯分布各地，各自統治領地。雖然有皇帝的頭銜，但也不得忽略諸侯的想法來執行統治的權力。

於是，在德國周圍，便留下許多諸侯的城堡和取名「○○堡」的城鎮。

西法蘭克王國的卡洛林家族傳嗣比較久，但是也在十世紀末期斷絕。之後，巴黎伯爵**雨果・卡佩**繼承王位，開啟了**卡佩王朝**。這個西法蘭克王國（**法蘭西**）王權軟弱，實際上只不過是較有力的一名諸侯。但是，王統一直傳承到十四世紀，歷經三百五十年都未曾斷絕。有句話說「堅持就是力量」，歷代卡佩王朝國王的努力終於開花結果，王權逐漸強大起來。

11

諾曼第明明在西歐（法國），為什麼聽起來卻像北歐的地名？

〉諾曼人的入侵

地名之謎

令全歐洲恐慌的「維京人」

第二次世界大戰時，英美率領的盟軍從法國北部的諾曼第（Normandy）登陸。在東方的蘇聯軍隊配合下，這次成功的登陸終於能讓盟軍從西方進攻德軍，也一口氣扭轉戰局，讓勝利歸於盟軍。但是這個「諾曼第」的地名，會不會令你想到北歐呢？北歐有個國家叫挪威（Norway），而「nordic」就是「北歐」的意思，通常會用在北歐風格的流行時尚（如「nordic」設計），或冬季運動（如「nordic」滑雪）的名稱前。

其實，**諾曼第這個地名，原意就是以北歐為根據地的「諾曼人之國」**。也就是說，實際上它是與北歐有淵源的地名。

最初住在北方的諾曼人，在歐洲四處侵略，不久後建立了數個國家。除了通商之外，他們也從事海盜劫掠，震撼了全歐洲。他們的別名是「維京人」。

世界史的延伸

◈征討歐洲各地的諾曼人

諾曼人是日爾曼民族的一支，可大略分為丹麥、瑞典、挪威三大體系。他們擁有高超的

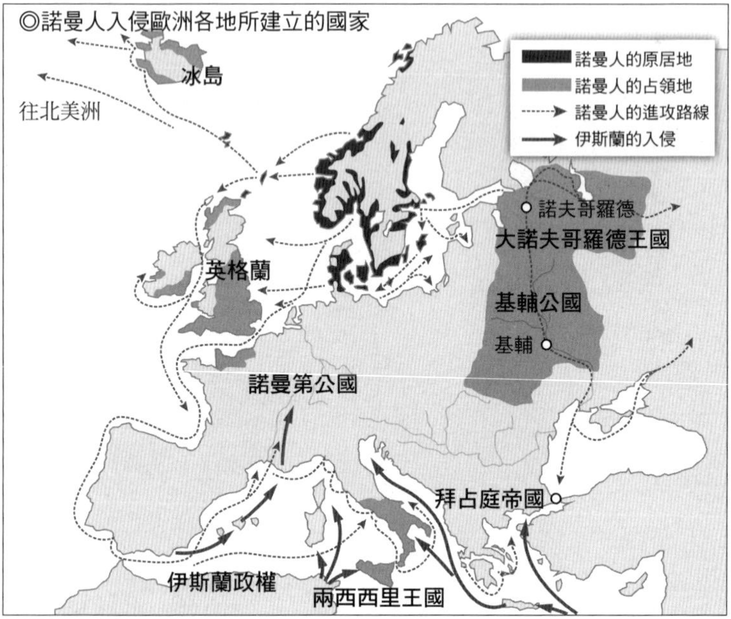
◎諾曼人入侵歐洲各地所建立的國家
諾曼人的原居地
諾曼人的占領地
諾曼人的進攻路線
伊斯蘭的入侵
冰島
往北美洲
諾夫哥羅德
大諾夫哥羅德王國
英格蘭
基輔公國
基輔
諾曼第公國
拜占庭帝國
伊斯蘭政權
兩西西里王國

航海技術，從八世紀末開始往來於歐洲海域通商或是掠奪。他們駕駛的船全長二十至三十公尺，可以搭載六十至八十人左右。船體結構特殊，底部很淺，只要水深一公尺就能航行。靠著這個結構，諾曼人（維京人）的船不僅可航行海岸，還能上溯河流，進入內陸。他們強大的威力讓歐洲各地的國王和人民都十分畏懼。

諾曼人族長**留里克**率領的一支部族侵入東歐和俄羅斯，公元八六二年，創立**諾夫哥羅德王國**，建都諾夫哥羅德。大約二十年後，他們南下以基輔為都，建立基輔公國。這就是後來的莫斯科大公國，俄羅斯帝國的前身。

十世紀初期，諾曼人的領袖**羅洛**率領軍隊攻擊法國北部沿岸，進而從塞納河河口一路進入內陸，兵臨巴黎城外。法國（西法蘭克）國王查理三世苦思對策，最後想出一條妙計。他將塞納河河口地區賜給羅洛，封他為諾曼第公爵，建立**諾曼第公國**，可說是一種「斷尾求生」的方法。這麼一來，暫時壓下了諾曼人的侵略企圖。不過到了十二世紀前半葉，諾曼人又進攻地中海，在義大利南部和西西里建立了**兩西西里王國**。

◈英國與諾曼人

英國這個國家與諾曼人淵源極深。這裡我們稍微回顧一下英國的歷史吧。

英國和其他歐洲地區一樣，從公元前開始，便有凱爾特人居住。不久後成為羅馬的屬地，但隨著日爾曼人大遷徙，日爾曼部族的分支——**盎格魯撒克遜**人入侵大不列顛島，建立了一群小王國，稱為盎格魯撒克遜七王國。這些小王國在九世紀前半葉統一，形成**盎格魯撒克遜王國**。諾曼人曾率軍來攻，但不久後被擊退。然而在一〇一六年，諾曼人**克努特**（Canute）終於征服了英格蘭地區。克努特去世後，盎格魯撒克遜皇室雖然一時復興，但在一〇六六年，諾曼人又再度進攻英格蘭。領導者就是**諾曼第公爵威廉**。他在很久之前，與有姻親關係的盎格魯撒克遜王愛德華約定要繼承王位，但是愛德華死後，卻由另一個盎格魯撒克遜譜系的國王登上王位，所以，他為了主張自己的王位繼承權而進軍英格蘭。結果，威廉獲勝，成為英格蘭王。從此之後，英格蘭有一段時間都是在諾曼裔王（有諾曼人血統的王）的統治之下。必須注意的是，威廉是以諾曼第公爵的身分，同時成為英格蘭王。

因此，英格蘭王雖與法蘭西王地位相等，但因為諾曼第公爵臣屬於法蘭西王，因而產生複雜的關係，這對後來的英法關係也造成了重大的影響。

12 為什麼土耳其所在的半島稱為「小亞細亞」？

〉拜占庭帝國的盛衰

地名之謎

令人有些意外的「亞細亞」名稱由來

聽到「亞細亞」（Asia）這個詞，會想到哪些國家呢？大概是東亞的中國、日本、韓國，與南亞的印度，或是東南亞的泰國、印尼、新加坡等國家。

其實，伊朗、伊拉克、土耳其等中東（西亞）諸國也包含在「亞細亞」的範圍內。這些國家在「亞洲盃」足球賽時人氣高漲，想必年輕人對於中東國家同屬亞洲這件事，應該不會感到抗拒吧。

不過，各位是否聽說，位於中東（西亞）隸屬土耳其的半島叫做「小亞細亞」呢？取名「小亞細亞」（亞細亞縮小版？）的地方，卻位於亞洲的西端，也許有些人會覺得奇怪。

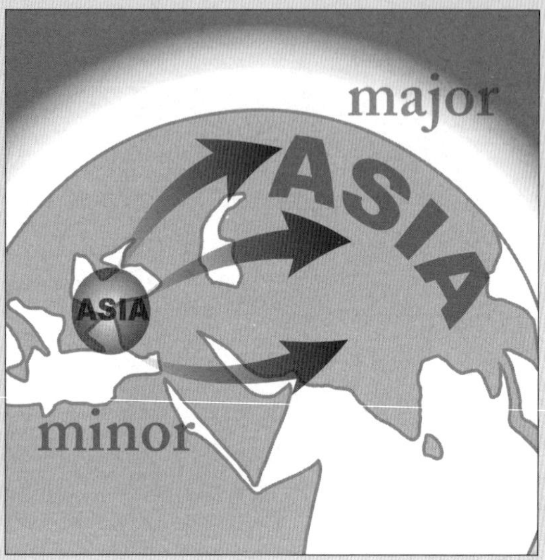

但是，本來**亞細亞一詞，就是這個地區的名稱**。古代掌控地中海的腓尼基人將地中海東部稱為「Asu」（東），西部稱為「Ereb」（西）。在「Asu」後面加上地名接尾詞「ia」，便產生了「東方的土地」——「亞細亞」這個名稱。也就是說，當地中海是世界中心的時候，「亞細亞」指的就是這塊小區域。（順道一提，表示「西」的「Ereb」便成為「歐洲」的語源）

後來，歐洲人對地理的見識寬闊了，亞細亞一直擴大到太平洋沿岸，成為大亞細亞了，原有的「亞細亞」就變成「小亞細亞」了。

◈地位較西歐更高一等的拜占庭帝國

如果有人問羅馬帝國的中心在哪裡，任何人都會想到羅馬。因此，公元三九五年，羅馬帝國分裂成東、西兩半時，可能很多人都會認為，以羅馬為首都的西羅馬帝國，一定比東羅馬帝國（拜占庭帝國）繁榮吧。

這可能是因為在後來的世界史上，西歐發展興盛的關係。但是，事實上，帝國在分裂成東、西兩半的六十年前，首都就已經從羅馬遷到臨近小亞細亞的**君士坦丁堡**。至少在分裂之後的四百年，以君士坦丁堡為首都的東地中海（拜占庭帝國），在經濟上或文化上都比西歐更為先進。

尤其是在六世紀中葉，拜占庭帝國滅了東哥德王國、汪達爾王國，幾乎掌握整個地中海，展現出**重現舊日羅馬帝國威望的氣勢**。

開創出這個盛世的是拜占庭帝國皇帝**查士丁尼**。

◎六世紀中葉的拜占庭帝國，彷彿羅馬帝國復活一般

◈不眠不休著手建設拜占庭帝國的人

查士丁尼大帝並非出生在高貴的家庭，他是農家子弟。

但是，他的伯父查斯丁成為皇帝，將他收為養子，因此得以繼承王位。

成為皇帝之後，查士丁尼皇帝在外交方面，消滅日爾曼諸國，擴展領土，同時，也阻止薩珊王朝的攻擊，簽下休戰條約，展現出高明的手腕。

在內政方面，他完成了《**查士丁尼法典**》，提倡**政教合一**，將教會（東正教教會）納入管轄，在社會、宗教上建立安定的體制。

他也進一步致力於產業技術，以中國傳入的養蠶技術作為基礎，培育絲綢編織業，建設聖索菲亞大教堂等，盡力推動大規模的土木公共工程，可以說從各種層面為拜占庭帝國出

◎八世紀後半葉衰退的拜占庭帝國

查士丁尼一世
法蘭克王國
米蘭
薩珊王朝
黑海
西哥德王國
拉溫納
君士坦丁堡
羅馬
哥多華
塞薩洛尼基
安提阿
迦太基
大馬士革
地中海
亞歷山卓
耶路撒冷

力。超人般的工作態度，更為查士丁尼皇帝贏得了「**不眠的皇帝**」稱號。

但是，屢屢出兵和大興土木，令國力疲弱不堪，「不眠的皇帝」死後，拜占庭帝國的榮景也出現了陰影。

義大利領土被日爾曼民族奪走，東方則受到薩珊王朝和更強大的伊斯蘭勢力攻擊。

此外，巴爾幹半島因為有保加利亞人入侵，統治的疆域也縮小了。

13 唐三藏的目的地是天竺（印度）還是犍陀羅？

〉佛教的傳布

地圖之謎

「犍陀羅」在哪裡？

《西遊記》描寫的是唐三藏率領孫悟空、豬八戒與沙悟淨等一行人，為求得佛祖教義，不辭辛苦前往天竺取經的苦難之旅。這個故事經常被改編成電視劇或卡通，是民眾耳熟能詳的故事。書中出現的地名「天竺」，指的應該是「印度」。但是，有一個小小的疑問，因為在紅極一時的日本電視連續劇《西遊記》（夏目雅子、堺正章所主演）中，片尾曲的曲名是〈犍陀羅〉，「只要去到那邊，不論什麼夢想都能實現。」一行人遙指著犍陀羅，就此展開了旅程。

「犍陀羅」位於現在巴基斯坦北部的白夏瓦附近，接近阿富汗。它離「印度」有點遠，

所以**唐三藏的目的地，究竟是天竺？還是犍陀羅呢？**

佛教的開山始祖釋迦牟尼在菩提迦耶悟道，後來公元前三世紀的孔雀王朝阿育王，和公元二世紀貴霜帝國的迦膩色伽王庇護了佛教。這裡要注意的是，上述的王朝雖然都是印度王朝，但其統治疆域大有不同。貴霜帝國主要以中亞為中心，與現在印度的疆域稍有出入。而在貴霜帝國時代，犍陀羅地方的佛教美術發展得十分蓬勃。

◎在印度四處旅行的唐三藏（玄奘）

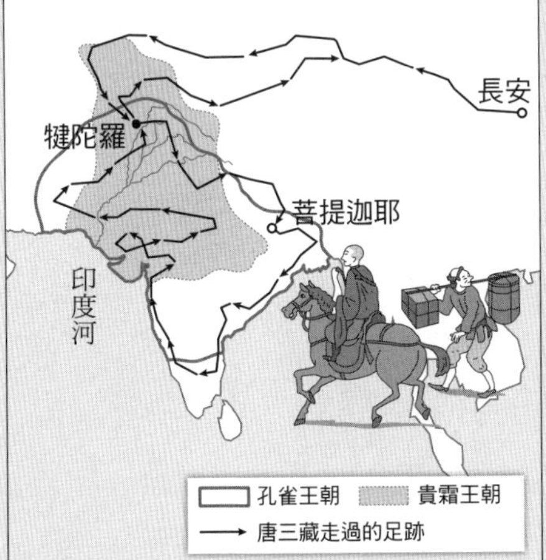
長安
犍陀羅
菩提迦耶
印度河
孔雀王朝
貴霜王朝
唐三藏走過的足跡

唐三藏的原型是唐朝僧人玄奘，他是在七世紀前半葉前往印度的真實人物。如同上圖所示，他在恆河流域的佛教中心地學習，然後在印度各地旅行。可以說唐三藏（玄奘）走過了整個印度地區，而犍陀羅也是他的目的地之一。

◈佛教的傳布與印度王朝

世界三大宗教——基督教、伊斯蘭、佛教當中，佛教成立得最早，雖然說法紛紜，但是佛教鼻祖**悉達多．喬達摩（佛陀，即釋迦牟尼）**，生於公元前五至六世紀，在菩提迦耶的菩提樹下開悟，創立佛教。那時候的印度，小國林立，釋迦牟尼也是其中一個小國迦毗羅衛國的王子。

後來，拘薩羅、摩揭陀兩國國力強盛，但仍沒有能力統一國家。印度的第一個王朝，是在公元前四世紀初建立的**孔雀王朝**（參考前頁地圖），而阿育王則是帶領孔雀王朝進入極盛時期的國王。他征討南印度，讓王朝的疆域達到最大。但是這條路走得並不平坦，戰爭造成大量死傷，他的心也受到傷害。不久後，他對往日的殺生感到悔恨，皈依佛教，之後便放棄武力征討。因此在他的時代，佛教有了飛躍的進展。

公元前後，佛教也走到一個大轉換期。原本佛教講究出家修行，救贖自我，但這時出現了新的思考方式，即是普渡眾生。這種新佛教稱為**大乘佛教**，並且傳布到中國、朝鮮和日本。

原有的佛教普及到東南亞和斯里蘭卡，稱之為「**上座部佛教**」。上座部佛教也有「**小乘佛教**」的稱呼，但這是從大乘佛教的角度給予的蔑稱。

此外，這段時期也開始製作佛像。很多人可能沒想到，佛陀死後的數百年間，都沒有製作佛像。

◈犍陀羅美術的昌盛

孔雀王朝衰弱之後，並未馬上出現大王朝。從公元前一世紀左右起，印度中部德干高原地帶，誕生了**百乘王朝**，公元一世紀時，西北部出現了**貴霜王朝**，但它的規模尚未到達統一的王朝。貴霜王朝到了公元二世紀，迦膩色伽王在世時，庇護了佛教。受到希臘化文化從西方傳入的影響，犍陀羅的美術蓬勃昌盛。一方面佛陀圓寂之後的幾百年間都沒有製作佛像，同時又受到希臘化文明的影響下，佛教美術開始發展。也許可以說，就因為這兩點讓佛像產生了獨特的世界觀和妙趣。

◎大乘佛教傳往東亞，小乘佛教傳向東南亞

大乘佛教系統
小乘佛教傳布的地區
小乘（上座部）佛教系統
佛陀誕生地
佛教遺跡
蒙古
16世紀
敦煌
雲崗
4世紀左右
朝鮮
巴米揚
犍陀羅
1世紀前後
4世紀左右
1世紀左右
西藏
7世紀前後
龍門
6世紀左右
伊朗
緬甸
11世紀左右
泰國
13-14世紀
印度
印度河
阿旃陀
吳哥窟
前3世紀
斯里蘭卡
婆羅浮屠

進入四世紀後，北印度地區誕生了大型王朝，叫做「**笈多王朝**」。在這個王朝的發展下，各種領域的學問都欣欣向榮。除了創造出「0」的概念、發展十進位之外，還創作出〈羅摩衍那〉等史詩。

融合印度民間信仰的**印度教**也在這個時期普及開來。不久後，它的勢力便大大凌駕在印度誕生的世界宗教——佛教了。

笈多王朝滅亡後，**戒日王朝**稱霸北印度。這個時代，玄奘造訪印度，受到戒日王朝開創者戒日王的庇護，全心地學習佛法。

14 中國也有「東京」，真的嗎？

〉隋・唐的繁榮

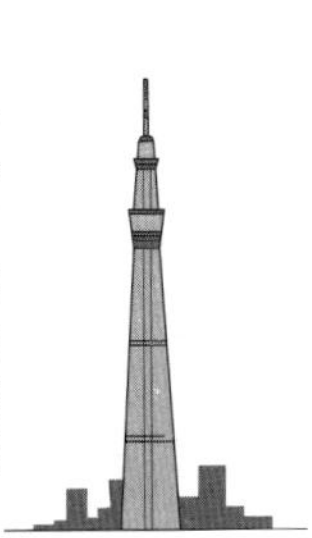

地名之謎

短命的「東京」城

大家都知道日本的首都是東京，但是，你可知道**中國也有個叫「東京」的城市**？而且它是某個知名都市的別名，只要曾經讀過中國歷史的人都會聽過。

中國的漢朝，西漢（公元前二〇二年～公元八年）首都設於長安，東漢（公元二五～二二〇年）時遷都洛陽，從這兩個都市的位置關係，而將長安稱為「西京」，洛陽稱為「東京」。

後來，經過三國時代後，晉朝（二六五～三一六年）統一了天下半個世紀，但隨後又進入一段分裂的時期。直到二七〇年後，終於由隋朝成功地統一中國。

公元五八九年，隋朝第二任皇帝煬帝定都長安（大興城），將洛陽當作「東京」。不過僅僅五年後，洛陽又更名為「東都」了。

◈日本送來的信激怒皇帝

隋打敗南朝的陳，終結了南北朝時代，開國皇帝楊堅（文帝）施行租庸調的稅制，創設

◎從隋到唐版圖的擴張

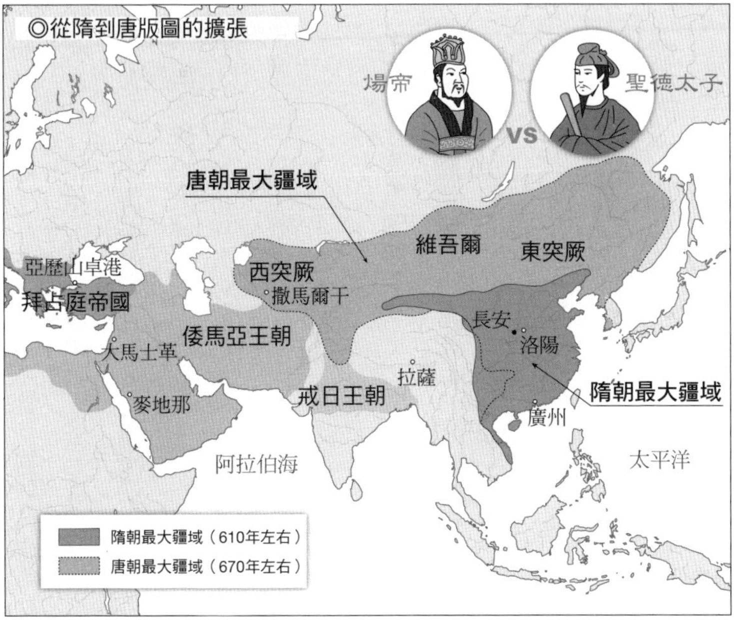
煬帝
聖德太子
VS
唐朝最大疆域
維吾爾
東突厥
亞歷山卓港
西突厥
撒馬爾干
拜占庭帝國
長安
洛陽
倭馬亞王朝
大馬士革
拉薩
隋朝最大疆域
麥地那
戒日王朝
廣州
阿拉伯海
太平洋
隋朝最大疆域（610年左右）
唐朝最大疆域（670年左右）

科舉的官吏任用制度，開鑿運河等，多管齊下，致力鞏固體制。繼承江山的次子**煬帝**依循父皇的軌跡，努力發展王朝。但是，他的手法稍有蠻橫之處。事實上從煬帝即位開始，就一直有不利於他的傳言。

原來煬帝並非長子。他的兄長楊勇已被立為皇太子，成為繼任者。但是，煬帝向父親進讒言，讓兄長失勢。四年後，父親楊堅駕崩，他便一舉奪得皇帝之位。楊堅之死，留下重重疑點。煬帝**暗殺父皇**的說法因此繪聲繪影地流傳開來。

這位煬帝，有一天收到某小國的來

信而勃然大怒，甚至大罵「這種無禮的國書下次別再呈上來！」因為這封來自日本大和朝廷的國書，一開頭便寫「**日出處天子**，致書日沒處天子」。但是，此後兩國關係安定，大和朝廷也多次派遣使節赴隋，稱之為**遣隋使**。

煬帝修築**大運河**，開通廣闊中國的南北交通，可算是一大功績。但是，大興土木和多次對外出征，令百姓生活凋敝。不久後，各地農民起兵造反，煬帝被近衛軍的士兵所殺。隋朝僅傳到第二代，統一後不滿三十年即滅亡。

◈繁榮鼎盛的唐朝長安

隋之後**唐朝**興起。唐朝沿續隋的政策，同時整頓、充實各項制度。此外，唐也成功征討了隋代未竟的東方高句麗和百濟，領土也向西部和北部大幅擴張。唐朝的土地和人民在賢明的皇帝統治之下，傳了約三百年之久，為後代稱頌之繁榮盛世。

唐朝首都**長安**，是個依計畫建設的大都市，並且成為日本平城京、平安京等各國都市建設的範本。來自外國的留學生和商人雲集於此，發展成國際大都市。而李白、杜甫等詩人頭角崢嶸，旅行印度的僧人玄奘（唐三藏）回國，也都是在唐代（六四五年）。

六九〇年，中國史上唯一的女皇帝，**武則天（武后）**即位，國號暫時改為「周」。她積極晉用科舉人才等功績雖足堪嘉許，但國內統治體制卻出現混亂。之後，武則天之孫**玄宗**即位，建立模範的政治體制，是為「開元之治」。但是玄宗晚年，沉迷於一女子，而無心於朝政，那位女子就是**楊貴妃**。因此引發了大規模的造反，史稱「**安史之亂**」。唐朝朝綱敗壞，政府利用懷柔政策，並且賜死楊貴妃，終於平息了叛亂，但是唐的國力已大不如前。

九〇七年，聲名傳遍世界的大唐帝國終於面臨滅亡。其後武將興起，歷經五代十國等小國輪流遞嬗的時代，直到九六〇年，**宋**朝建國，統一了中國。

▼咖啡裡的「吉力馬札羅」、「藍山」都是山名，那麼「摩卡」呢？

咖啡大多以生產地為名，像是「吉力馬札羅」、「藍山」等，都是在該地山區生產的咖啡名字。除了山以外，也有像以「夏威夷科納」等生產地作為名字的咖啡。然而，我們熟悉的「摩卡」似乎並不是個出名的地方，它也是咖啡產地的名字嗎？

其實，「摩卡」的名字並不是產地，而是阿拉伯半島葉門港口的名字。由於衣索比亞和葉門生產的咖啡，大多從這裡出貨到歐洲，所以才以此地為名。雖然咖啡還有其他出口港，但歐洲的船隻多在摩卡港停靠，因此特別有名。現在摩卡港已經關閉，但是港口昔日的榮景，卻藉著咖啡的名字留傳下來。

摩卡港
葉門
摩卡產地
摩卡產地
衣索比亞
阿拉伯海

第3章

蒙古帝國與變動中的亞洲和歐洲

15

眾人爭奪的「和平之城」在哪裡？

〉十字軍東征

地名之謎

全世界希求的「和平」

不論古今中外，若有什麼是世人共同追求的，那就是「和平」吧。也許是為了反映人類這樣的想法，世界各地很多地名都源於「和平」之意，像是日本的「平安京」就是如此，世界最大的海洋「太平洋」，也含有「平靜之海」的意義。在美國，共有三十到四十個大小城鎮，叫做「塞勒姆」（Salem），這個名字的語源是希伯來語的「和平」。

與美國「塞勒姆」有相同語源的是「耶路撒冷」（Jerusalem）。**「耶路撒冷」是由希伯來語的yeru（城）和shalayim（和平）組合而成，有著「和平之城」的含意。**美國的「塞勒姆」雖說和耶路撒冷系出同源，但有些其實是直接取自於聖城耶路撒冷的名字。

耶路撒冷對猶太教徒來說，是個擁有古代神殿的都城；對基督教徒來說，是耶穌殉教之地；對伊斯蘭教徒來說，則是穆罕默德升天的聖地。許多人都憧憬這個地方，各國為了將它據為己有，引起了無數的紛爭。

世界史的延伸

◈伊斯蘭獨立王朝的形成

從八世紀末到九世紀初，伊斯蘭帝國的「阿拔斯王朝」興起，雖然它曾一度極為興盛，但之後國勢漸漸衰微，在內部成立了幾個獨立王朝。其中，**法提馬王朝**從北非的突尼西亞，擴展勢力到埃及、敘利亞，並從一開始就使用「哈里發」的稱號，與阿拔斯王朝對立。受此影響，後倭馬亞王朝也使用「哈里發」的稱號。於是在這段時期，包含阿拔斯王朝在內，有三位哈里發同時存在。

混亂情勢中，游牧民族土耳其人以傭兵的身分趁勢崛起。一〇三八年，**塞爾柱王朝**興起。它從阿拔斯王朝的哈里發手上，獲得「**蘇丹**」的稱號，取代了阿拔斯王朝。於是從阿拉伯人統治的時代，轉變為來自中亞的土耳其人來統治。塞爾柱王朝從西亞向西、向北侵略，給小亞細亞的拜占庭帝國不小的壓力。

此時，面臨亡國危機的拜占庭皇帝，向羅馬教皇求援。當時的教皇烏爾班二世為了奪回聖地耶路撒冷，發起了聖戰。於是，法蘭西諸侯率領騎士、農民組成了**十字軍**，朝著耶路撒冷前進。這一次遠征行動從一〇九六年到一〇九九年，最後成功達成使命，占領了耶路撒冷，建立**耶路撒冷王國**。

◈十字軍與伊斯蘭的攻守

但後來，伊斯蘭勢力漸漸捲土重來，為了對抗他們，一一四七年又組織了第二次十字軍東征。但是，神聖羅馬帝國皇帝、法蘭西王後來與拜占庭帝國反目成仇，目的未能達成。

另一方面，伊斯蘭這邊在一一六九年由**薩拉丁**（薩拉夫．阿丁）建立了**阿尤布王朝**。它打倒法提馬王朝，將勢力從埃及擴展到東方的敘利亞，再度搶回耶路撒冷。於是西歐的基督

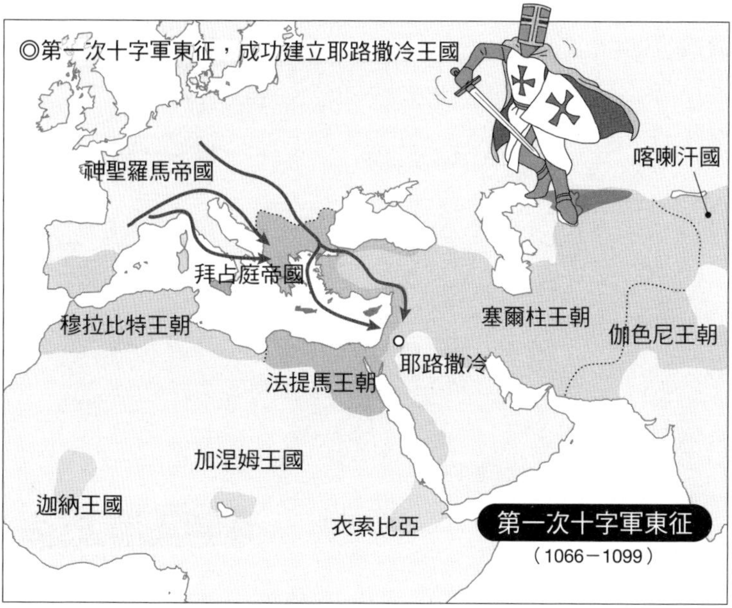
◎第一次十字軍東征，成功建立耶路撒冷王國
神聖羅馬帝國
拜占庭帝國
穆拉比特王朝
法提馬王朝
耶路撒冷
塞爾柱王朝
伽色尼王朝
喀喇汗國
加涅姆王國
迦納王國
衣索比亞
第一次十字軍東征
（1066－1099）

教國家又發起第三次十字軍東征，卻鎩羽而歸。歐洲雖然一再派遣十字軍，但直到一二七〇年的第七次東征，都未能再搶回耶路撒冷。未能搶回聖地也使羅馬教皇的地位搖搖欲墜，率領十字軍作戰的國王權威高升。

還有，第四次十字軍時，在威尼斯商人精明的盤算下，轉而攻擊他們生意上的對手君士坦丁堡，最後占領該城。雖然威尼斯商人的目標順利達成，但卻忘了最初的目的——奪回聖地耶路撒冷。

此外，一二一二年，有一支**少年十字軍**成軍，但通常不被列入十字軍的次

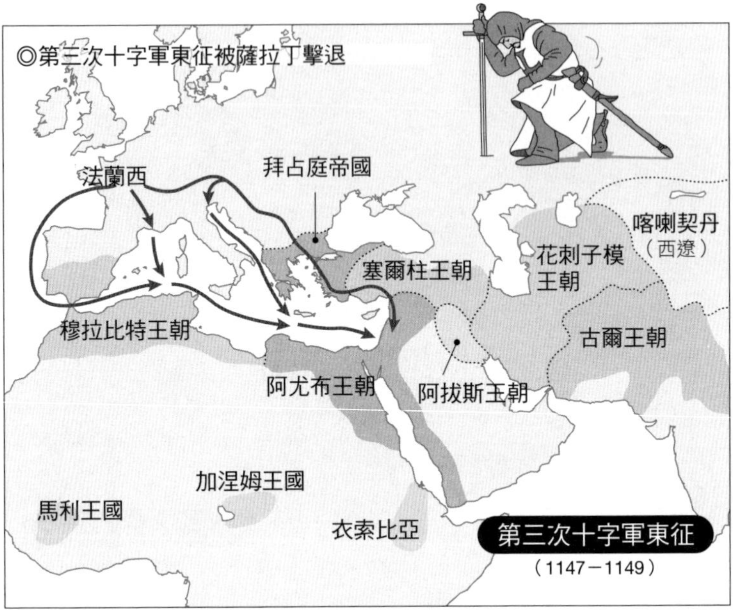
法蘭西
拜占庭帝國
喀喇契丹
（西遼）
花剌子模
王朝
塞爾柱王朝
穆拉比特王朝
古爾王朝
阿尤布王朝
阿拔斯王朝
加涅姆王國
馬利王國
衣索比亞
第三次十字軍東征
（1147－1149）
◎第三次十字軍東征被薩拉丁擊退

數中。一群據說聽見神旨的少年率領十字軍遠征，但有人在半途回國，也有人因為船隻毀損而放棄，甚至還有人被販賣為奴。一再遭逢悲劇，也無法達成奪回聖地的目的。

16 「漢堡」是德國漢堡發明的食物嗎？

〉蒙古帝國的建立

地圖之謎

漢堡原本是馬肉做的？

「漢堡」的起源雖然說法紛紜，但其中最具代表性的說法是，在德國港口「漢堡」流行的韃靼肉排傳到了美國，為表現它是「有漢堡風格的肉排」所以才命名為「漢堡」。但是，在漢堡流行的韃靼肉排，並不是德國發明的菜色。最先是蒙古部族韃靼人在遠征時吃的食材。據說蒙古的遊牧民族韃靼人會割下累垮死掉的馬肉，墊在馬鞍下將它壓軟，切成細絲後混入洋蔥，就能做出韃靼肉排。這道菜後來變化成漢堡港居民的牛肉料理。也就是說，**追本溯源的話，漢堡其實是蒙古食物**。

蒙古人曾經席捲歐亞大陸，勢力擴張到歐洲。他們的足跡散見在許多大大小小的地方。英文裡在加油時所喊的「hurray」口號，據說最原始的用法，是蒙古軍突擊的吆喝聲。

世界史的延伸

◈稱霸歐亞大陸的蒙古帝國如何誕生？

鐵木真十三歲時父親被殺害，他帶著母親和年幼的弟弟，在蒙古高原上堅韌地習得生存之術。不久後，他蓄積實力，統一各部族。一二〇六年，他集合了主要的武將，就任蒙古和突厥體系各部族的君主「汗」位。從此時開始，他被稱為「**成吉思汗**」。

之後，他仍然致力擴張蒙古帝國的勢力範圍，一面攻擊中國北方，一面侵略西方，打敗突厥體系的花剌子模王朝。征服突厥人的王朝，奠定了**蒙古帝國**宏偉的基礎。一二二七年，成吉思汗將帝國交託給兒子們，溘然長逝。

附帶一提，人們一直未能發現英雄成吉思汗之墓，那是因為埋葬遺體的地點已被夷平，如同平地一般。據說這是蒙古游牧民族的習慣，而且也可以避免被盜墓。他的王位由三子**窩闊台**繼承，長子朮赤已經去世，二子察合台擁立三弟窩闊台，自己自始至終都擔任輔佐的角色。

而察合台在父親所賜予的中亞領地上，建立了**察合台汗國**。

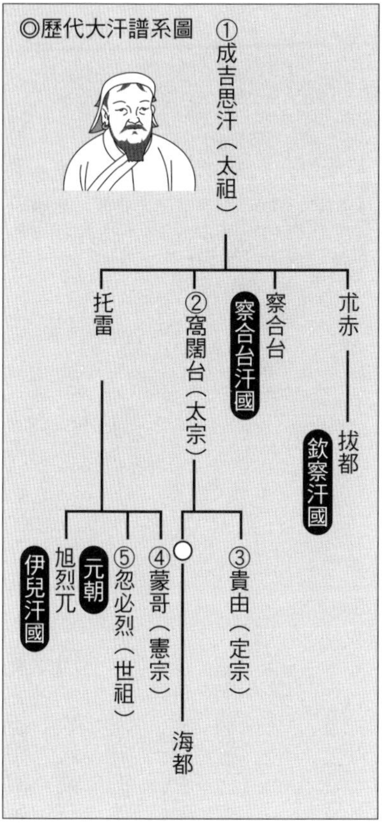

◎歷代大汗譜系圖
①成吉思汗（太祖）
朮赤
拔都
欽察汗國
察合台
察合台汗國
②窩闊台（太宗）
③貴由（定宗）
海都
托雷
④蒙哥（憲宗）
⑤忽必烈（世祖）
元朝
旭烈兀
伊兒汗國

◈出現空前的大帝國

成吉思汗死後，兒子窩闊台、孫子（窩闊台姪子）拔都、旭烈兀將蒙古帝國的領土不斷擴大。成為第二代大汗的窩闊台進攻中國北部，滅了在該地

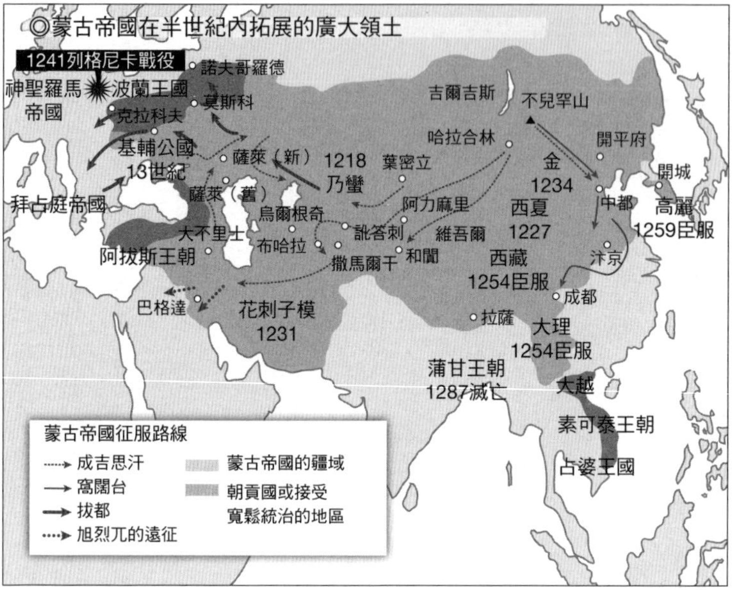
1241列格尼卡戰役
諾夫哥羅德
神聖羅馬帝國
波蘭王國
莫斯科
克拉科夫
基輔公國13世紀
拜占庭帝國
薩萊（新）
薩萊（舊）
1218乃蠻
葉密立
吉爾吉斯
不兒罕山
哈拉合林
開平府
金1234
中都
開城
高麗1259臣服
西夏1227
阿力麻里
烏爾根奇
訛答剌
維吾爾
大不里士
布哈拉
和闐
撒馬爾干
阿拔斯王朝
汴京
西藏1254臣服
成都
巴格達
花剌子模1231
拉薩
大理1254臣服
蒲甘王朝1287滅亡
大越
素可泰王朝
占婆王國
蒙古帝國征服路線
成吉思汗
窩闊台
拔都
旭烈兀的遠征
蒙古帝國的疆域
朝貢國或接受寬鬆統治的地區
◎蒙古帝國在半世紀內拓展的廣大領土

勢力雄厚的**金國**，也順便將中國北方土地，收入蒙古帝國的手中。

成吉思汗長子朮赤之子**拔都**進軍西方，征服俄羅斯之後又進攻東歐，遭遇波蘭和德意志（神聖羅馬帝國）諸侯聯軍的迎擊。

這次戰役中，歐洲軍若敗北，蒙古軍肯定一古腦兒湧入全歐。在**列格尼卡戰役**中，強大的蒙古騎兵軍團不費吹灰之力，便擊敗了歐洲軍隊，此時如果拔都沒有接到窩闊台大汗的死訊，肯定會長驅直入，蹂躪歐洲各國。

但他退兵東撤，後來在俄羅斯一帶創立了**欽察汗國**。

窩闊台死後，其子貴由繼承大汗之位，但短短兩年便去世。之後，由成吉思汗么子拖雷的兒子**蒙哥**成為第四代大汗。那個時代，蒙哥之弟**旭烈兀**揮軍進攻西亞（中東），令巴格達成為廢墟，滅了阿拔斯王朝。不久，旭烈兀在伊朗、伊拉克一帶建立**伊兒汗國**。

於是，蒙古帝國自成吉思汗即位，在半世紀之內建立了西至俄羅斯、西亞，東至華北的大帝國。

17

「薊」、「燕京」、「中都」、「大都」、「汗八里」……，這些城市現在的名稱是？

〉中國從元朝到明朝的變遷

地名之謎

中國的都市名稱變來變去

改朝換代，或是為政者更迭時，**都市名稱也跟著頻繁變更，這是中國都市名稱的一大特色**。如同前面所述，洛陽曾經稱作「東京」，也叫過「東都」。南京，更有「金陵邑」、「建業」、「建康」、「江寧府」等不同名稱。

最典型的例子，就是北京。春秋時代，北京屬於燕國，稱為「薊」。不久後，因為它曾是燕國之都，而被稱為「燕京」。在金朝稱霸華北到被蒙古滅亡之前，它則被稱為「中都」。其後為蒙古帝國占領，改名「大都」。但蒙古人叫它「汗八里」，因為它有「大汗之都」的含意。元朝滅亡，到了明朝，才有了「北京」的稱呼。到了二十世紀，國民政府首都改到南京，它也因而改名為「北平」。

若是用以前的舊稱「江戶」來稱呼日本「東京」，便有著截然不同的風情。在這些變動的歷史名稱中，也隱藏著昔日的祕密呢。

但是，像北京這樣，三番兩次的變動，對讀歷史的人來說，也許只覺得一個頭兩個大吧。

世界史的延伸

◈蒙古帝國分裂

第四代大汗蒙哥去世後，即位成為第五代大汗的是**忽必烈**。他以相當於現在北京的大都為首都，國號改為中國式的「**元**」。其後滅南宋、統一中國，將伊斯蘭世界與中國世界統合為一。同時令西藏、朝鮮半島的高麗為屬國，又出兵攻打日本、越南、爪哇島。

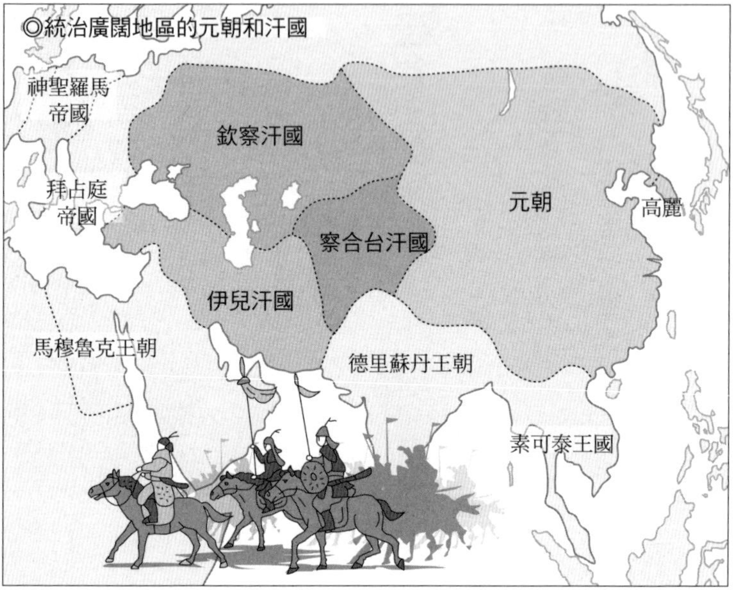
◎統治廣闊地區的元朝和汗國
神聖羅馬
帝國
欽察汗國
拜占庭
帝國
元朝
高麗
察合台汗國
伊兒汗國
馬穆魯克王朝
德里蘇丹王朝
素可泰王國

看起來，蒙古帝國似乎在無限地擴張，但其實從忽必烈登基開始，帝國便已經走向分裂、毀滅的道路。

請看一〇三頁的譜系圖。第一世成吉思汗過世後，你會發現第二世和第三世都由窩闊台家繼承大汗，但到第四世、第五世又由成吉思汗么子拖雷的兒子蒙哥、忽必烈來繼承大汗之位。這種狀況下，忽必烈即位時，便出現某些人反對拖雷家系繼承汗統，那就是窩闊台家系的子孫**海都**。他與察合台汗國、欽察汗國一同發動了反忽必烈、反元的叛亂。其中，只有伊兒汗國與忽必烈統領的元朝保持友好關係。因為，伊兒汗國的開國者，即是忽必烈的弟

◎蒙古帝國勢力衰頹，明和帖木兒趁勢崛起
克里姆汗國
欽察汗國
鄂圖曼帝國
帖木兒
馬穆魯克王朝
西藏
蒙古
明
朝鮮
德里蘇丹王朝
黎朝
泰國
帖木兒VS蒙古軍

弟，也是拖雷家系的人。

◈瓦解的蒙古帝國

不久後，一二九四年忽必烈過世，帝國政局混亂，十四世紀已露出衰退的徵兆。察合台汗國分裂成東、西兩國，西察合台汗國的帖木兒蓄積實力，在中亞建立龐大的伊斯蘭王國——**帖木兒帝國**。欽察汗國的勢力漸漸消退，該地區的**莫斯科大公國**開始擴展勢力。

伊兒汗國受到帖木兒帝國興盛等影響，十四世紀中葉漸漸喪失勢力。

元朝內部，在政治的混亂中，百姓起兵造反，謂為**紅巾之亂**。這場叛亂成了帝國的致命傷。在叛軍中累積實力的**朱元璋**於一三六八年建立**明**朝，將蒙古人趕回蒙古高原，以南京為首都，統一了中國。

明朝在三世永樂皇帝時遷都北平，將此城命名為「北京」，建築紫禁城。但是，繁榮的國勢也漸漸露出頹敗之相。十六世紀中葉，在蒙古和「倭寇」的海盜壓力下（**北虜南倭**），朝政趨於敗壞。不久，在十七世紀中期，各地起兵作亂，明朝滅亡（一六四四年）。之後，滿州人（女真）建國，國號為**清**，其勢力強大，最後統一了中國。

清朝和元朝、明朝一樣，以北京為首都，大肆修建紫禁城，成為皇帝的宮殿。清朝維持中國昔日王朝的科舉制度和儒學傳統。但也強迫漢人薙髮留辮，推行滿州（女真）人的風俗，一直存續到二十世紀。

18 南韓首都「Seoul」的中文怎麼寫？

朝鮮半島的歷史

地名之謎

「Seoul」無法對應漢字，在中文裡怎麼寫呢？

二〇一四年，冬季奧運在俄羅斯的索契盛大地舉行，接下來的冬季奧運是於二〇一八年，在南韓（大韓民國）的平昌舉辦。不只是「平昌」，像南韓第二大都市「釜山」、北韓（朝鮮民主主義人民共和國）的首都「平壤」等，這些朝鮮半島上的地名大多可以用漢字寫出來。那麼南韓的首都「Seoul」，用漢字如何寫呢？

其實**「Seoul」是韓語「都、首都、王都」的意思，沒有對應的漢字**。原本朝鮮半島使用的朝鮮語（韓語）使用漢字做為文字。一四四六年，朝鮮王朝（李氏朝鮮）第四代國王世宗作《訓民正音》，制定了諺文（韓字）。在被日本殖民統治時，諺文才漸漸普及。

而「Seoul」這個地名，是在一九五四年才開始使用，因為這個緣故，「Seoul」並沒有對應的漢字。

那麼，在中文裡又要如何寫出這個地名呢？有一段時間，還是用舊稱「漢城」來稱呼它。但在二〇〇五年，該市市長頒定用「首爾」二字作為「Seoul」的中文名字。目前已成為正式的中文名稱。

世界史的延伸

◈朝鮮半島的歷史（一）建國～三國時代

一三九二年，明朝統一中國未久，朝鮮半島上建立了**朝鮮王朝**（李氏朝鮮）。這個王朝一直傳續到二十世紀，十分悠遠。韓劇《公主的男人》、《大長今》都是以這個時代為背景。現在我們就簡單回顧一下朝鮮王朝之前的傳說與歷史。

公元前二三三三年，天孫**檀君**宣告朝鮮開國，從那時起經過約一千二百年，在公元一一二二年，檀君一九〇八歲（！）時，將王位傳給中國殷國的賢人箕子，開啟了**箕子朝鮮**。當然，這一部分歷史大多不出神話的領域，細節不得而知。

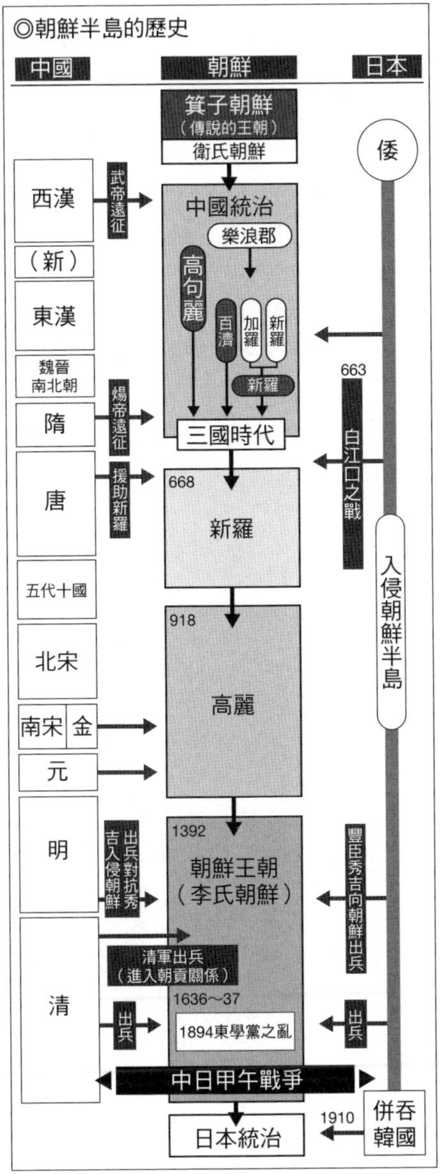

◎朝鮮半島的歷史
中國
朝鮮
日本
箕子朝鮮
（傳說的王朝）
衛氏朝鮮
倭
西漢
武帝遠征
中國統治
樂浪郡
（新）
東漢
高句麗
百濟
加羅
新羅
魏晉
南北朝
新羅
663
隋
煬帝遠征
三國時代
白江口之戰
唐
援助新羅
668
新羅
入侵朝鮮半島
五代十國
918
北宋
高麗
南宋
金
元
明
出兵對抗秀吉入侵朝鮮
1392
朝鮮王朝
（李氏朝鮮）
豐臣秀吉向朝鮮出兵
清
清軍出兵
（進入朝貢關係）
1636～37
出兵
1894東學黨之亂
出兵
中日甲午戰爭
1910
併吞
韓國
日本統治

之後，**衛滿**從中國的燕國出逃，侍奉箕子朝鮮，公元前一九〇年，衛滿篡國，建立**衛氏朝鮮**。這段過程在歷史上雖然含糊但有跡可尋。衛子朝鮮的發展，甚至一度影響到遼東半島。但在公元前一〇八年，被中國的漢武帝出兵滅了。漢在朝鮮半島設置**樂浪**等四郡，將其納入中國統治。

之後，游牧民族**高句麗**從中國東北部南下，於公元三一三年又滅樂浪郡，控制半島北部，脫離了長達四百年以上的中國統治。同時，半島南部**新羅**、**百濟**兩國並起，形成與高句麗爭霸的**三國時代**。

◈朝鮮半島的歷史（二）三國時代～朝鮮王朝

三國時代前後，朝鮮半島與日本的關係日漸深遠。高句麗王的紀念碑上，記載了當時與日本戰爭的事跡，而《日本書記》上也記錄了百濟將佛教傳入日本。

最後，新羅與唐朝聯手，結束了三國時代。日本雖曾出兵救援百濟，但在**白江口**（今錦江口）一戰大敗給唐朝與新羅的聯軍。從此新羅統治半島二百多年，直到十世紀才被**高麗**所滅。

高麗到了十三世紀，受到席捲歐亞大陸的蒙古帝國侵略、臣服，又遭到倭寇侵襲之苦。一三九二年，**李成桂**將軍征討倭寇立功，滅了高麗，歸順明朝，建立朝鮮王朝（李氏朝鮮）。這個王朝歷經豐臣秀吉出兵征伐，也被強迫臣服於清朝，一直延續到一九二〇年，被日本併吞。

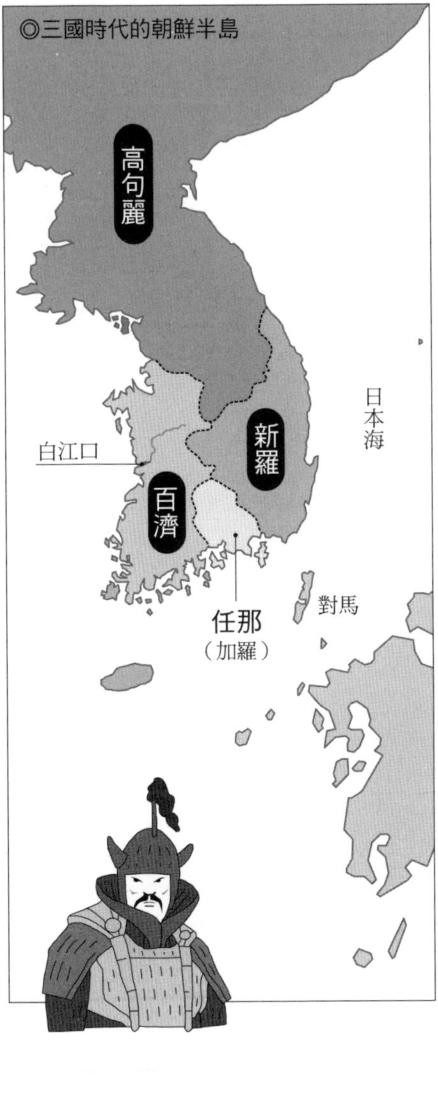
◎三國時代的朝鮮半島
高句麗
新羅
百濟
白江口
任那
（加羅）
對馬
日本海

19

這種蛋糕的名字有「堡壘」的意思，是從某個國名取的嗎？

〉收復失土運動與英法百年戰爭

地名之謎

為歐洲史增添色彩的甜點地名

戰國時代到江戶時代初期，日本眼中的南蠻人——西歐人頻頻到日本，帶來日本人從未見過的食物，所以當時的日本人充滿好奇。看到葡萄牙人吃的蛋糕似乎很美味，於是問道：「那是什麼？」**葡萄牙人回答：「這是『卡斯提亞』的蛋糕哦！」於是，日本人就把這種蛋糕稱為「卡斯提拉」（Castella，類似「蜂蜜蛋糕」）**。這是「卡斯提拉」語源多種說法中，被視為最有力的一種。

以前歐洲伊比利半島上，有個國家叫做卡斯提亞王國。這個吃得到「卡斯提拉」的國家，曾被伊斯蘭勢力侵略占領，後來基督徒浴血奮戰才將它奪回。卡斯提亞在當地有「堡壘」的意思。

當伊比利半島成為基督教國家與伊斯蘭勢力衝突的戰場時，北方的英國與法國則開啟了百年戰爭。

附帶一提，爆發英法百年戰爭的法蘭德斯（Flanders）地區，是以現在的比利時為中心的周邊地帶，它也是比利時格子鬆餅與巧克力等甜點的發源地。此外，法國有香檳的名產地「香檳區」、有從阿爾卑斯山最高峰「布朗峰」轉變成「蒙布朗」的蛋糕名稱。而在英國，與司康餅（源自於荷蘭語「白麵包」〔schoonbrood〕）有關聯的是蘇格蘭地標「司康宮殿」（Scone Palace）。

歐洲有好多聽起來美味可口的地名呢！

◎七一八年至一四九二年間的收復失土運動

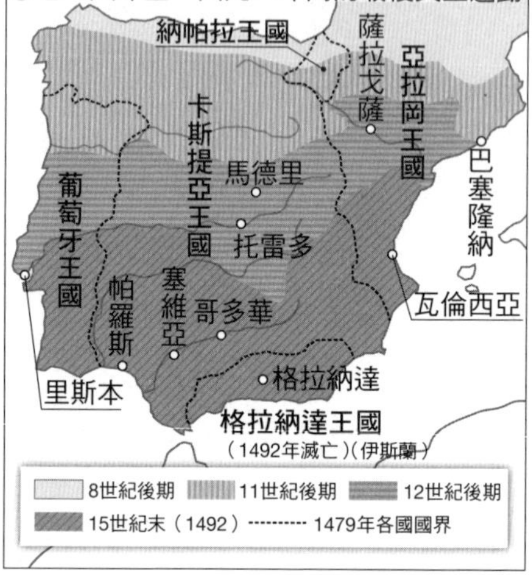
納帕拉王國
薩拉戈薩
亞拉岡王國
巴塞隆納
卡斯提亞王國
馬德里
托雷多
葡萄牙王國
帕羅斯
塞維亞
哥多華
瓦倫西亞
里斯本
格拉納達
格拉納達王國
（1492年滅亡）（伊斯蘭）
8世紀後期
11世紀後期
12世紀後期
15世紀末（1492）
1479年各國國界

伊比利半島因為八世紀時伊斯蘭勢力的擴張，而成為伊斯蘭王朝的領土。基督教徒並沒有放棄這塊土地。他們從庇里牛斯山脈，虎視眈眈地尋找收復失地的機會。但是，機會來得並不容易。這塊土地在伊斯蘭的統治下，經歷了約八百年的歲月，才又成為原本的基督教國家。這段漫長的戰役，後世稱為**收復失土運動**。

十一世紀，統治本地的後倭馬亞王朝因內亂紛爭而衰頹、分裂。基督教徒派系建立了**卡斯提亞王國**、**亞拉岡王國**。到十二世紀時，又從卡斯提亞王國分離出來，建立獨立的**葡萄牙王國**。

十三世紀，出現了一個大轉機。羅馬教皇英諾森三世呼籲集結勢力，奪回基督教徒的領地。響應者組成軍隊在納瓦斯・德托羅薩的戰役中，戰勝伊斯蘭勢力。不久後，哥多華失陷，伊斯蘭勢力只剩下以格拉納達為據點的奈斯爾王朝（格拉納達王國）。一四六九年，卡斯提亞公主伊莎貝拉與亞拉岡王子斐迪南五世結婚，這段聯姻在世界史上造成了重大的影響。十年後的一四七九年，兩國合併為一，誕生了**西班牙王國**。也許是公主和王子愛的力量開花結果，僅僅十三年之後，一四九二年，終於攻破伊斯蘭勢力的最後碉堡格拉納達，完成了收復失土的大業，那一年也是哥倫布的首次出航。

◈賭上英法威信的百年戰爭

十四世紀到十五世紀中葉，伊比利半島迎接收復失土最後階段的時期，英法之間爆發了**百年戰爭**。

這場戰爭起自於兩個原因，一是英國與法國意圖爭奪毛織品產地法蘭德斯，另一是英國國王與法王有血緣關係，因而自認有法國王位繼承權。

於是，從此展開了包含休戰期間長達一百年以上的漫長戰爭。

開戰後未久，**黑王子愛德華**領軍在克雷西會戰、普瓦捷戰役中連續獲勝，戰況在對英軍有利的情況下展開，法國多數領土遭到占領，法國情勢岌岌可危。

但是，這時奇蹟出現。一位少女**貞德**宣稱聽到神旨，要她「解救法國」。她穿上男裝，

◎百年戰爭在英國占得先機下展開
倫敦
英格蘭王國
勃艮第公國疆域
加萊
法蘭德斯
克雷西
貢比涅
巴黎
奧爾良
勃艮第公國疆域
普瓦捷
法蘭西王國
卡斯蒂隆
百年戰爭爆發時的英國領土
1360年的英國領土
黑王子愛德華的行進路線（1356）
1415～1429年的英國領土
聖女貞德的行進路線（1429～1430）

率領軍隊，擊敗了英軍。

這一仗令法國起死回生，在勝利中結束了百年戰爭。英國除了最接近的加萊（Calais）之外，失去所有的歐陸領土。但是，與法王對立的勃艮第派，卻將法軍勝利的大功臣貞德抓起，引渡到英國，她在宗教審判後被裁定為「異端女巫」。一四一三年，貞德被判處火刑，未能親眼見到法國勝利。據說當時她年僅十九歲。

第4章

始於大航海的歐洲世界擴張

20 為什麼葡萄牙會成為大航海時代的先鋒呢？

大航海時代的開端

地理之謎

正因小國才能開拓新時代的葡萄牙

葡萄牙並非大國，國土約為日本的四分之一。現在人口超過一千萬人，比東京都還少。**為什麼這樣的小國，會成為大航海時代的先驅呢？**

其中一個原因是地形。葡萄牙西南部臨海，東部與北部為西班牙所環繞，而且，葡萄牙與西班牙（卡斯提亞王國）往日的關係並不穩定。

葡萄牙是一一四三年從西班牙前身卡斯提亞王國獨立出來的國家，但地位並不穩定，隨時都可能受到卡斯提亞的侵略。事實上，一三八三年，當葡萄牙因為王位繼承產生紛擾，民眾起事造反的時候，卡斯提亞王國便出兵侵略葡萄牙。那一次獲得英國的救援，同時有騎士

團長約翰一世率軍打敗了卡斯提亞。約翰一世並登基成為國王，成功平息動亂。

因為有西班牙（卡斯提亞王國）在後方虎視眈眈，葡萄牙只能向國外尋找發展的空間。

世界史的延伸

◈追求夢想國度的航海王子亨利

葡萄牙將視野展望國外，還有其他原因。一是收復失土的進展，請看一一八頁圖，基督教國家發起的收復失土運動，在一四九二年奪回伊斯蘭最後據點的格拉納達後完成。但是那部分的領土屬於西班牙（卡斯提亞王國），葡萄牙則早在十三世紀中期，收復失土運動就已經結束了。

清楚現在西班牙和葡萄牙國土範圍的人，也許會覺得意外。從當時的人來看，失土收復運動沒有必要在伊比利半島劃下句點。正如伊斯蘭勢力曾經越過海峽，入侵伊比利半島，基督教國家盤算著將勢力延伸到非洲、亞洲，也並非不可能的事。

事實上，**約翰一世**登基之後，為了提防卡斯提亞的侵略，從伊斯蘭勢力奪下非洲西北角的土地休達。此時，約翰一世的三兒子亨利王子立下許多功勞，他為了尋找非洲內陸傳說中的基督教國家，從伊斯蘭教徒手中奪取摩洛哥，推動探險、開拓航路的事業（當然，商業利益也是一大因素……）。由於他積極地發展探險事業和開拓航路，因此獲得了「**航海王子亨利**」的稱號。話雖如此，其實他自己並沒有親自出海過，他只是全力支援探險家和航海員。甚至還有一說，亨利王子其實很容易暈船，與「航海王子」之名大不相符。

◎從歐洲開闢了往非洲、亞洲的新航路

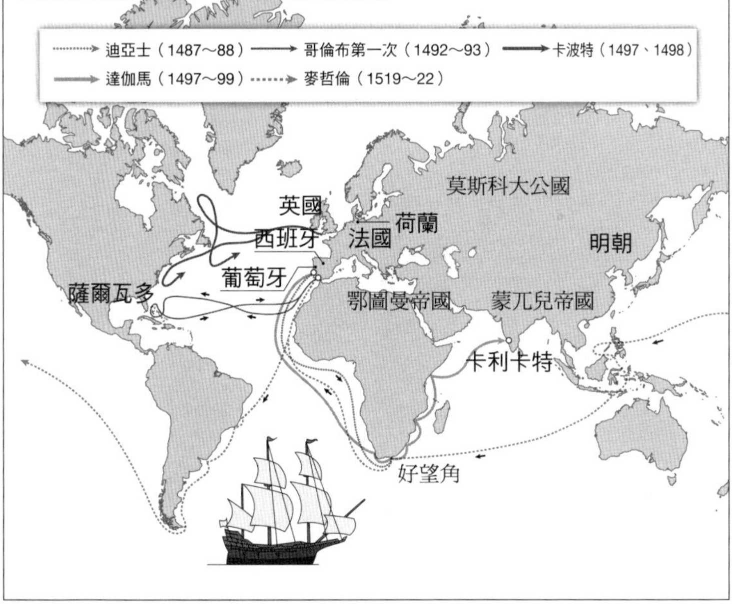
迪亞士（1487～88）
哥倫布第一次（1492～93）
卡波特（1497、1498）
達伽馬（1497～99）
麥哲倫（1519～22）
英國
西班牙
葡萄牙
法國
荷蘭
莫斯科大公國
明朝
薩爾瓦多
鄂圖曼帝國
蒙兀兒帝國
卡利卡特
好望角

◈航路的擴展

航海王子亨利的耕耘，在他過世後有了豐富的收穫。一四八八年，**巴爾托洛梅烏．迪亞士**（Bartolomeu Dias）航行到非洲的最南端，發現非洲最南端意味著打開了前往東方亞洲的航線。葡萄牙國王約翰二世懷著這個盼望，將此岬角命名為「**好望角**」。

此外，嚴格來說，好望角並不是非洲的最南端，好望角稍微東邊的厄加勒斯角，才是最南端。

不過，真正越過好望角航行到亞洲的人是**瓦斯科．達伽馬**。他於一四九八年到達印度的卡利卡特（Calicut，中國古籍裡稱為「古里」）。雖然沒有發現傳說中的基督教國家，但葡萄牙人從此開拓了連接亞洲的航道。

葡萄牙的對手西班牙也不可小覷。在達伽馬率先到達印度的一四九二年，有一個人堅信地球是圓的，而從大西洋往西方航行，希望能到達亞洲，他就是**哥倫布**。哥倫布得到西班牙的支持與援助，航行了一個多月後到達陸地，他以為那裡就是印度，便稱原住民為「印地安人」。

然而，那塊土地是中美洲巴哈馬群島中的珊瑚礁。他將這個地方取名為「聖薩爾瓦多」（聖救世者）。哥倫布懷著莫大的期待，來到新天地，但他未能順利地開發土地，反而因為虐待當地人和舞弊之嫌而遭到逮捕，被遣返西班牙。他一共出海四次，但最後被西班牙王室放逐，在困頓中走完人生。

21

因船員誤解而被命名的里約．熱內盧

歐洲入侵美洲

地名之謎

西班牙和葡萄牙命名的南美洲地名

經過了大航海時代，南、北美洲大陸的歷史隨之大為改觀。歐洲人的入侵，急遽地改變了大陸的風貌。一五〇二年元旦，航行到南美附近的葡萄牙船順風而行時，湊巧發現了有多個島嶼連接到海上的河口。因為那天是一月一日，所以就稱那條河為「一月之河」。但是，這是個極大的誤解。**因為他們認為的河，其實是個細長的峽灣**。從那時開始，人們就把那個峽灣與四周的城鎮叫做「里約．熱內盧」（Rio de Janeiro），也就是一月之河的意思。里約因為二〇一六年舉辦奧林匹克運動會，而成為各方矚目的城市。

如同此例，南美洲留下許多歐洲人探險時命名的地名。「阿根廷」在拉丁語中是「銀」

的意思，「厄瓜多」源自於西班牙語的「赤道」。比較麻煩的是阿根廷的首都布宜諾斯艾利斯，西班牙人將此地命名為「聖三位一體的城市與空氣清新的聖母瑪利亞之港」（Ciudad de la Santísima Trinidad y puerto de nuestra senora la virgen Maria de los buenos aires）。因為太長了，現在簡稱為「布宜諾斯艾利斯」（Buenos Aires，空氣清新）。

世界史的延伸

◈分享世界海洋的葡萄牙與西班牙

十五至十六世紀的大航海時代，葡萄牙與西班牙頻繁地前往亞洲和美洲。結果造成兩國之間的利害衝突不斷增加。因此，一四九三年，兩國在教皇亞歷山大六世的見證下，決定了界線，第二年又做了修訂，簽下**托爾德西利亞斯條約**。界線以東為葡萄牙的海域，界線以西為西班牙的海域。依據這個條約，葡萄牙主走亞洲路線，西班牙主走美洲路線。但是，葡萄

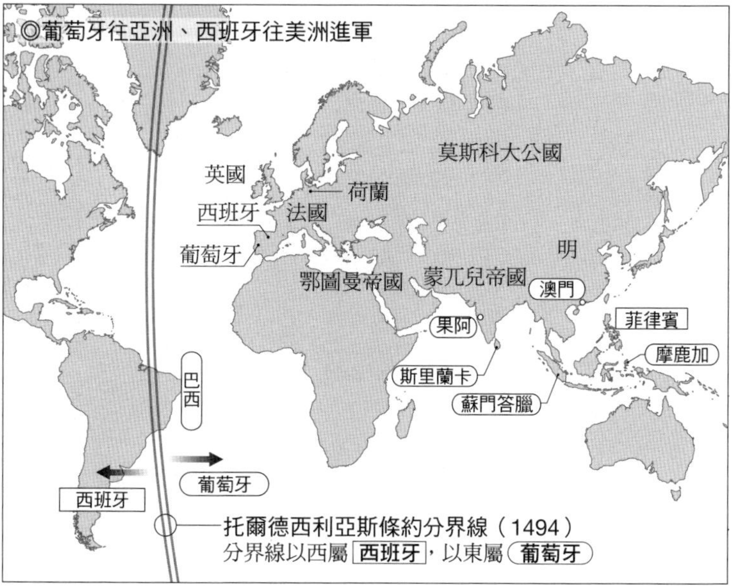
莫斯科大公國
英國
荷蘭
西班牙
法國
葡萄牙
明
鄂圖曼帝國
蒙兀兒帝國
澳門
菲律賓
果阿
摩鹿加
斯里蘭卡
蘇門答臘
巴西
葡萄牙
西班牙
托爾德西利亞斯條約分界線（1494）
分界線以西屬 西班牙，以東屬 葡萄牙
◎葡萄牙往亞洲、西班牙往美洲進軍

牙提督卡布拉爾因在海上飄流而到達巴西，因而將巴西占為葡萄牙所有。另外，**麥哲倫**接受西班牙國王援助，到達了菲律賓，因而菲律賓成為西班牙領地。前面也提到，該群島以西班牙皇太子菲利普之名，取名為「菲律賓」。

將重心放在亞洲的葡萄牙，於**果阿**設置**印度總督府**，於斯里蘭卡（錫蘭）、蘇門答臘、摩鹿加群島設置商館，在澳門建立據點，掌控印度洋，將從亞洲獲得的香料、茶葉、絲織品運回國，販賣給西方諸國，獲取莫大的利益。

◈席捲南美洲的西班牙

以前，大家都說哥倫布「發現」新大陸。但是，其實那絕對不能算是「發現」，因為美洲大陸上已有人類居住，而且建立了偉大的文明。

也許對歐洲人來說，有人認為是「發現」，但是，其實早在哥倫布探險的五百年前，維京人的船便到達過北美洲。哥倫布的壯舉只是歐洲人「重新發現」新大陸而已。但是，這個「重新發現」的確將歐洲與新大陸連結起來，僅僅幾十年便大幅改變了新大陸的面貌。

西班牙為了統治這塊土地，不斷地派遣軍隊前往。一五二一年，**科特茲**領軍滅了**阿茲特克王國**，征服墨西哥。一五三三年，**皮薩羅**滅了**印加帝國**，進而征服智利，將南美沿岸地帶納入管轄地區。一五四〇年代，西班牙人在南美洲發現了**波托西銀山**，殘暴地奴役印地安原住民，挖掘廉價的銀。他們對印地安人的奴役慘無人道，遭到教士**拉斯．卡薩斯**的嚴厲抨擊。

南美出產的銀為西班牙王室帶來財富，活化了歐洲的經濟。歐洲的物價在一世紀之間膨脹了三倍（**價格革命**）。

另外，幾乎同一時期，日本石見銀山的白銀產量，約占全世界的三分之一。日本豐厚的

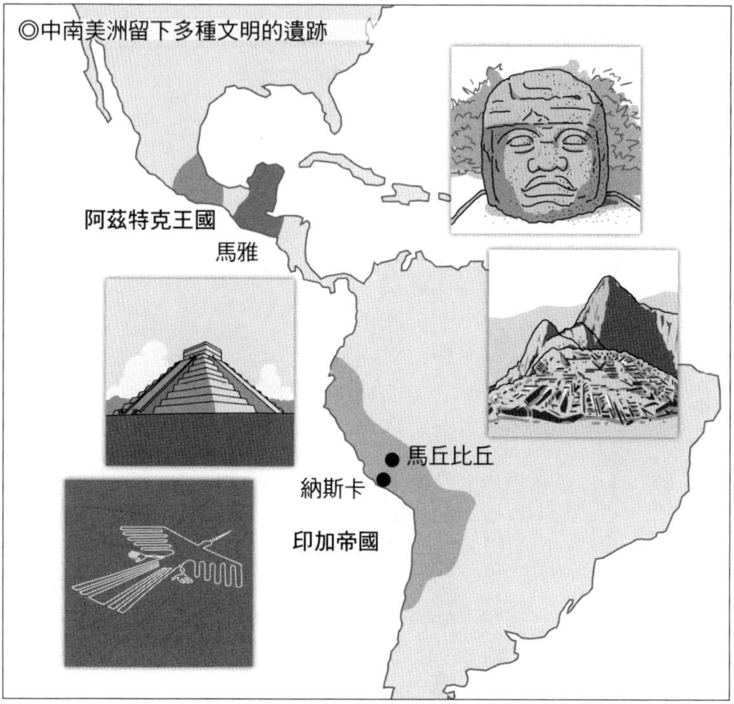
◎中南美洲留下多種文明的遺跡
阿茲特克王國
馬雅
馬丘比丘
納斯卡
印加帝國

白銀產量與南美洲的銀，一同對東亞（尤其是明朝）的經濟產生了巨大的影響。

22

那個名人的名字……其實是「村名」？

〉文藝復興

地名之謎

幼年不幸（？）的萬能天才

如果問哪位天才藝術家足以代表文藝復興時代，除了李奧納多．達文西（Leonardo da Vinci）之外，不做第二人想。但是，若是**告訴你「達文西」這個名字，原本是個地名**，會不會覺得有點意外呢？「da」有「來自」的意思，他的姓名意義就是「來自文西村的李奧納多」。

事實上，李奧納多的確是生於佛羅倫斯近郊的「文西村」。

他的父親名叫瑟爾．皮耶羅．達文西，基於父親的名字，李奧納多的全名是「李奧納多．迪．瑟爾．皮耶羅．達文西」（Leonardo di ser Piero da Vinci，出身於文西村的瑟爾之子李奧納多）。關於他幼年經歷與本名等，還有很多不明之處，這很可能是因為他是私生子，父母沒有正式結婚的關係。達文西沒有受過正規教育，不是在優渥的環境中長大，但後來他在繪畫、建築、音樂、科學等諸多領域卻展現出過人的才華，如大家所知，大家都稱呼他「萬能天才」。

世界史的延伸

◈文藝復興是如何開始的？

十四至十六世紀間，歐洲各地在藝術和思想上，都出現嶄新的動態。後人將這些動態稱為「Renaissance」，法文中它是「復生」的意思，所以現在多譯為「文藝復興」。文藝復興始於義大利，為什麼會從義大利開始，又如何展開呢？我們就從這一點切入來看。

文藝復興的導火線之一是**十字軍**。十字軍東征時，不論是士兵、物資、船隻等，都是由比薩、威尼斯、熱內瓦等義大利北部城市提供的。這些城市經由陸路或海路，靠著亞洲貿易而發達，因而成為文藝復興經濟上的支柱。請大家回想一下前面提過，第四次十字軍如何忘了最初目的，遵循威尼斯商人的要求轉而攻打君士坦丁堡，就可見一斑。

十字軍也成為人與貨物東、西交流的機會。阿尤布王朝的薩拉丁雖戰勝第三次十字軍，保住聖地耶路撒冷，未被基督教徒搶走，但仍寬容地允許基督徒進入聖地朝聖，東、西文明持續的交流。

希臘時代的學問，曾在亞歷山大帝國的統治期間傳到西亞，不久後，伊斯蘭熱心地將它翻譯為阿拉伯文，大規模的東、西交流又將它回流到歐洲。尤其是在一四五三年，拜占庭帝國滅亡後，許多學者、文人移居義大利半島，對希臘、羅馬時代的古典文明興趣日增，有助於從教會統治下的古道德觀中解放出來。

於是，多種文藝在義大利大放異彩，文學界中，有**但丁**、**薄伽丘**留下優秀的著作，美術界中，**達文西**、**米開朗基羅與拉斐爾**留下曠世巨作，被稱為**文藝復興三巨匠**。

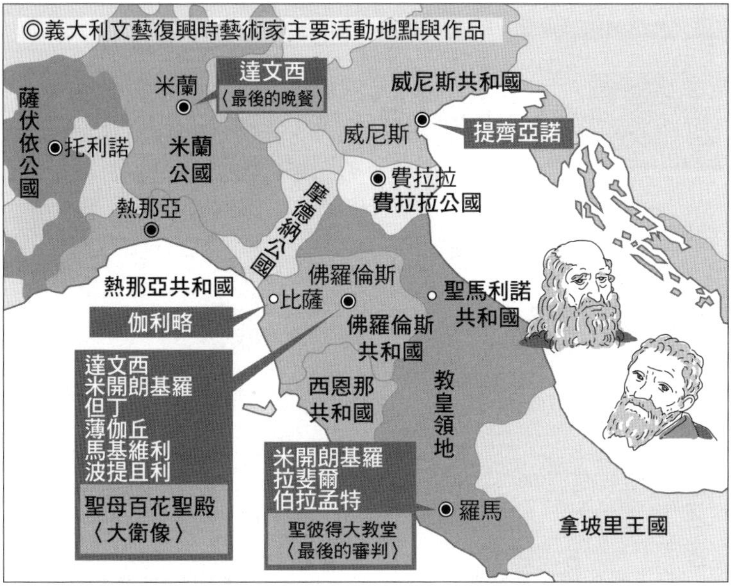
◎義大利文藝復興時藝術家主要活動地點與作品
薩伏依公國
托利諾
米蘭
達文西
〈最後的晚餐〉
米蘭公國
威尼斯共和國
威尼斯
提齊亞諾
費拉拉
費拉拉公國
熱那亞
摩德納公國
熱那亞共和國
伽利略
比薩
佛羅倫斯
佛羅倫斯共和國
聖馬利諾共和國
達文西
米開朗基羅
但丁
薄伽丘
馬基維利
波提且利
聖母百花聖殿
〈大衛像〉
西恩那共和國
教皇領地
米開朗基羅
拉斐爾
伯拉孟特
聖彼得大教堂
〈最後的審判〉
羅馬
拿坡里王國

◈展現開闊性的文藝復興世界

中世紀文化的基石，是神與教會的宗教的世界觀。

但是，文藝復興時期，人們更重視從艱苦道德中解放的人性情感、以及活在現世的喜悅、理性。

這種文藝復興的動態，從義大利翻過阿爾卑斯山，傳播到北方的西歐各地（**北方文藝復興**）。荷蘭的伊拉斯謨、布勒哲爾、德國的杜勒、法國的拉伯雷、西班牙的葛雷科、塞凡提斯、英國的托馬斯・摩爾、莎士比亞等都是知名的代表人物。

文藝復興不只在文學、美術等藝術方面，在科學領域上也有巨大的成果。

◎文藝復興超越阿爾卑斯山，擴散到西歐各地

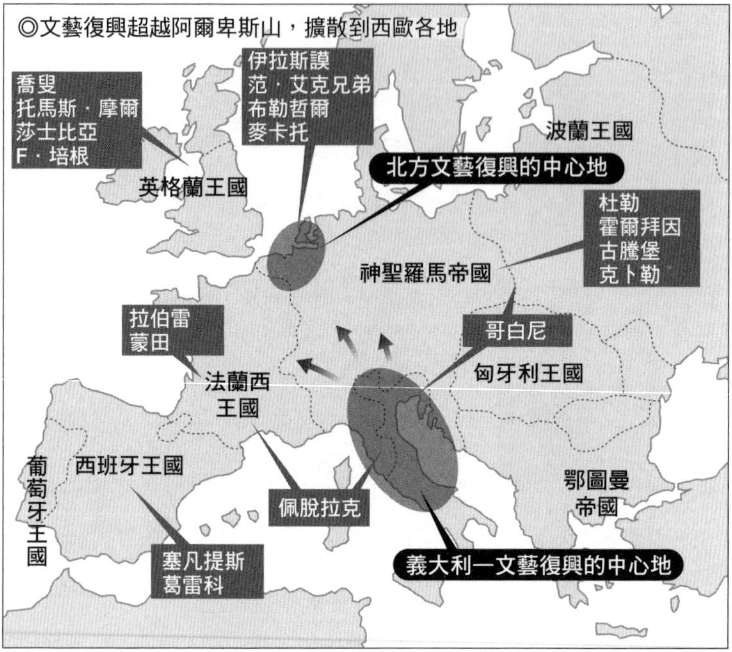
喬叟
托馬斯．摩爾
莎士比亞
F．培根
伊拉斯謨
范．艾克兄弟
布勒哲爾
麥卡托
波蘭王國
北方文藝復興的中心地
英格蘭王國
杜勒
霍爾拜因
古騰堡
克卜勒
神聖羅馬帝國
拉伯雷
蒙田
哥白尼
法蘭西
王國
匈牙利王國
葡萄牙王國
西班牙王國
鄂圖曼
帝國
佩脫拉克
塞凡提斯
葛雷科
義大利－文藝復興的中心地

在蒙古帝國所建立的大商業圈的幫助下，起源於中國的「**三大發明**」（火藥、羅盤、活字印刷術）等技術傳到歐洲，付諸實用，發生重大的變化。火藥用在火槍、大砲，改變了以往的戰法；羅盤打開了大海的世界；活字印刷術有助於《聖經》的印刷，推動了宗教改革。

此外，哥白尼倡導的「地動說」大大改變了後世人類的世界觀。

23 世界上最小的國家在哪裡？

宗教改革

地圖之謎

大大改變歷史的小國家

說到現在世界上最大的國家，那就是擁有無與倫比的廣闊幅員，遙遙領先加拿大、中國和美國的俄羅斯聯邦。占地超過「一千七百萬平方公里」，這個數字也許很難想像，但如果我說，它是日本的約四十五倍，美國的近兩倍，各位是不是比較能夠體會？

那麼，世界上最小的國家在哪裡？那就是擁有無可比擬的迷你面積，將摩納哥公國、聖瑪利諾公國等歐洲小國，和吐瓦魯等太平洋島國遠遠甩在後面的梵蒂崗。這個被義大利羅馬包圍的國家，面積只有〇．四四平方公里，也許這也是個很難想像的數字。日本皇居的面積有一．一五平方公里，比梵蒂崗大約一倍。它也約是十個東京巨蛋球場大，這樣應該能稍微

理解吧。

梵蒂岡的元首是羅馬教宗，歷史上有段期間，教皇領地相當寬闊。

教皇領地最初是源自於法蘭克王國國王丕平的捐獻，十九世紀時，義大利王國將它占領，直到一九二九年，梵蒂岡成立，成為現在的模樣。這塊土地曾經是十字軍、宗教改革等歷史上諸多事件的中心。

梵蒂崗的中心是**聖彼得大教堂**。現在的大教堂建於文藝復興時期，第一任建築師是伯拉孟特，他過世後，由遠親也就是文藝復興三巨匠之一的拉斐爾接下第二任的職位。當時，羅馬教皇里奧十世為了籌措拉斐爾建築大教堂的經費，開始販賣「**贖罪券**」，聲稱只要買了它，人在世上的罪就能獲得赦免。這時候發生了一個事件。

德國的神學家**馬丁路德**發表**九五條論綱**，他強烈地抨擊教會的作法。

馬丁路德批判教會販賣贖罪券，主張只有靈魂相信基督的福音才能得到救贖。他的主張在德國各地傳播。此外，印刷術的實用化也發揮了重大影響。這就是**宗教改革**的開始。之後，路德雖被教皇逐出教會，但他仍然一本初衷，致力於《聖經》德文版的翻譯。這讓一般民眾可以直接接觸到《聖經》，也就是基督的教義。

在德國，宗教改革也發展成激進的抗爭，像是農民暴動等。不久，諸侯們簽訂**奧格斯堡宗教和約**，諸侯們可以選擇信奉以往的天主教，或是新起的路德派，平民們需遵從諸侯選擇的宗派。雖然未能承認個人的信仰自由，但路德的新教派已經受到官方認可。

宗教改革之後所衍生出的新教派，一般稱之為**新教徒**（Protestant），與原有的天主教徒（Catholic，舊教徒）區別。

◈改變歐洲的宗教改革

宗教改革所掀起的浪潮，不只湧向德國，也傳布到北歐各地，發展成為建立新歐洲的原動力。

瑞士有慈運理，法國有**喀爾文**在推動改革，新教徒成了北歐不可忽視的新勢力。

在英國，宗教改革的形式有點出人意表，出發點竟然是國王亨利八世的離婚問題。由於天主教教皇不承認離婚，亨利八世為與之對抗，因此設立**英國國教派**，任命國王自己為教會領袖。

但是亨利八世死後不久，他與第一任妻子生的女兒——瑪麗登基為王，恢復了天主教信仰。瑪麗又與天主教信徒西班牙皇太子結婚，殺害數百名國教徒，因而獲得「血腥瑪麗」的稱號。但她即位五年左右即過世。

之後，亨利八世與第二任妻子的女兒**伊麗莎白一世**即位，終於確立亨利八世設立的英國國教派制度。

另一方面，天主教也出現**對抗宗教改革**的行動，試圖重新建立體制（反宗教改革）。最有名的就是依納爵．羅耀拉和其他六名志士組成的**耶穌會**活動。他們積極地進行國外的傳教

◎宗教改革的浪潮擴散到北歐一帶（1560年左右）

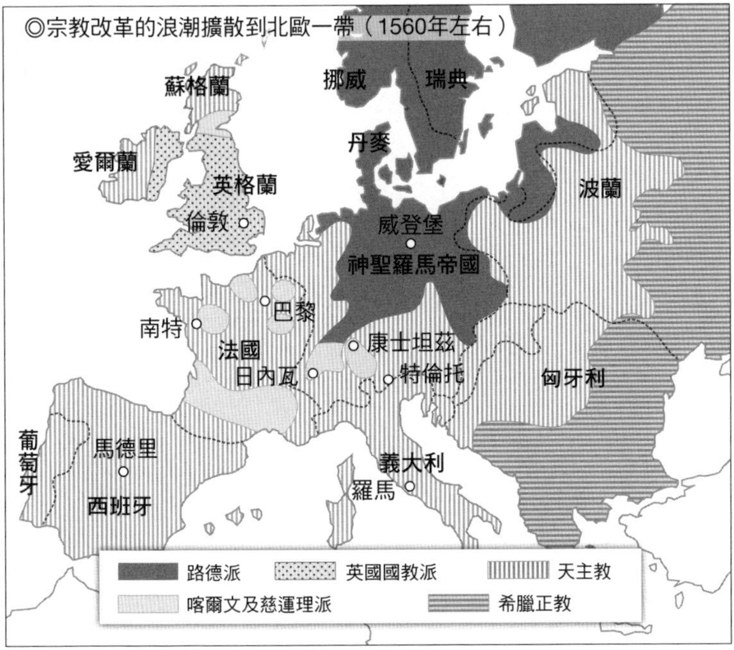
蘇格蘭
挪威
瑞典
丹麥
愛爾蘭
英格蘭
波蘭
倫敦
威登堡
神聖羅馬帝國
巴黎
南特
法國
康士坦茲
日內瓦
特倫托
匈牙利
葡萄牙
馬德里
義大利
羅馬
西班牙
路德派
英國國教派
天主教
喀爾文及慈運理派
希臘正教

行動，擴大天主教的勢力。

耶穌會組成成員之一的方濟・沙勿略，致力於亞洲各地的布道。他也是第一個到日本傳布天主教的著名宣教士。

24

為什麼英國有四隊參加超級盃比賽？

伊麗莎白時代與英國革命

地圖之謎

分成五個區域的英國世界

在超級盃足球賽中，英國分為「英格蘭隊」、「蘇格蘭隊」、「威爾斯隊」和「北愛爾蘭」等四隊出場，這件事應該讓不少人覺得疑惑。這是因為超級盃的出場隊伍並不是以「國家」為單位，而是以各國（地區）的「足球協會」單位來決定。當然，通常的原則是一國一協會，但英國是足球的發源國，所以特別破例，**允許四個地區的足球協會分別加盟國際足球聯盟**。

從歷史上來看，英國也是由四個地區組成。若包含現在已另外獨立成一個國家的愛爾蘭在內，共有五個區域。特別提醒一點，英國的正式名稱叫做「大不列顛及北愛爾蘭聯合王

◎英國分成五個地區

蘇格蘭
北愛爾蘭
都柏林
愛爾蘭
英格蘭
倫敦
威爾斯

國」，「英國」是葡萄牙人對英格蘭的稱呼。

五個地區中，威爾斯是在十三世紀時併入英格蘭，此處我們將就剩下的蘇格蘭、愛爾蘭，探究從伊麗莎白一世時代到光榮革命期間的英國歷史。

伊麗莎白一世曾與兩位瑪麗打過仗。

一位就是前述提過的異母姊姊「血腥瑪麗」，即**瑪麗一世**。當瑪麗一世登基成為君臨天下的女皇時，曾把伊麗莎白一世幽禁在倫敦塔。

另一位瑪麗是她的堂姊，蘇格蘭女王**瑪麗．斯圖亞特**。她在蘇格蘭遭到謀反，被迫讓出王位，但仍覬覦英格蘭國王的寶座，與伊麗莎白一世對立。最後以參與暗殺女王未遂的罪名，被處以死刑。

兩位瑪麗死後，支持她們的男性也給伊麗莎白一世製造不少麻煩，據說這都是因為兩位瑪麗的冤魂在作怪。上述的男性包括瑪麗一世的丈夫，**西班牙國王腓力二世**。他於公於私都支持著信仰天主教的兩位瑪麗，企圖讓天主教在英國復活。但是，在瑪麗．斯圖亞特被處刑後，這個夢想終於破滅。腓力二世還涉入荷蘭的獨立問題，並派遣西班牙最驕傲的**無敵艦隊**，向英國出兵。

但最後，這場史稱**格瑞福蘭海戰**的戰事中，英國獲得勝利，伊麗莎白一世也保住了長年的王位。但是，一生未婚的她沒有子嗣，因此，在她死後，由蘇格蘭王**詹姆士一世**成為英國國王，他正是瑪麗．斯圖亞特的兒子。詹姆士一世與其子查理一世的時代，蘇格蘭和英格蘭

◎複雜的英國皇家家系圖　＊（ ）為在位年

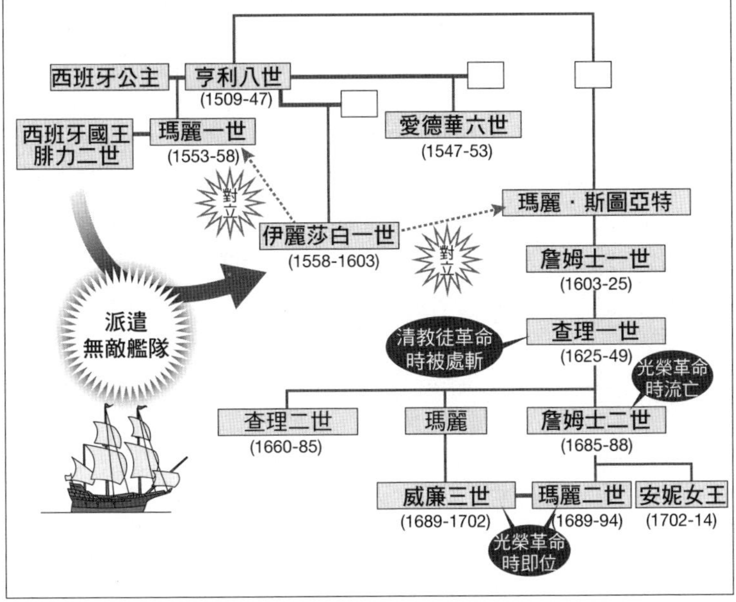
西班牙公主
亨利八世
(1509-47)
西班牙國王
腓力二世
瑪麗一世
(1553-58)
愛德華六世
(1547-53)
對立
伊麗莎白一世
(1558-1603)
瑪麗・斯圖亞特
對立
詹姆士一世
(1603-25)
派遣
無敵艦隊
清教徒革命
時被處斬
查理一世
(1625-49)
光榮革命
時流亡
查理二世
(1660-85)
瑪麗
詹姆士二世
(1685-88)
威廉三世
(1689-1702)
瑪麗二世
(1689-94)
安妮女王
(1702-14)
光榮革命
時即位

都由同一位國王統治，但這也加深了兩國的對立。

◈英國發起的兩次革命

在瑪麗・斯圖亞特之孫查理一世在位期間，發生了一個事件。

國王欲加強專制統治，與反抗王權的勢力產生衝突，引起保皇派和議會派為首的內戰。最後，查理一世被處死，成立共和政權。一連串的事件因由喀爾文派新教徒發起，因而稱為**清教徒革命**（一六四二～一六四九年）。

革命後，握有政治實權的**克倫威**

爾採取軍事獨裁體制，征服蘇格蘭與愛爾蘭。

但是，克倫威爾的軍事獨裁體制擴大了國內不滿的情緒。

他死了之後，人民將革命中被處死的查理一世之子迎為國王，即位成為查理二世（**斯圖亞特王朝復辟**）。

但是，查理二世與繼任者詹姆士二世都再度意圖實行專制統治，造成議會反動，從荷蘭迎回詹姆士二世的女兒瑪麗與其夫婿威廉三世（兩人都是查理一世的孫子女，相當於堂兄妹），詹姆士二世不敵，流亡法國。

最後，威廉三世與瑪麗（二世）不費一兵一卒，成為英國國王。這一連串的事件稱之為**光榮革命**。

另外，這兩位王者過世後，由瑪麗二世之妹安妮女王即位。在她的時代（一七〇七年）蘇格蘭正式與英格蘭合併。

而天主教徒較多的愛爾蘭，自克倫威爾時代以後，便是英格蘭第一個殖民地。二十世紀後，愛爾蘭的西南部宣告獨立。

25 為什麼「尼德蘭」又叫「荷蘭」呢？

〉哈布斯堡家族與荷蘭的對立

地名之謎

「低地國」是正式名稱

第一章第七節中已介紹過，有許多地名在日語與英語中的稱呼並不相同。荷蘭也是差異很大的一個，它的英文正式名稱是「Kingdom of the Netherlands」，簡稱為「尼德蘭」。這個詞與荷蘭語的「Nederland」相當接近，意思是「低窪之地」，十分符合國土面積有四分之一低於海平面的荷蘭。

但是**在日本，它的正式名稱是「荷蘭王國」，兩種說法南轅北轍**。為什麼會有這樣的差距呢？

其實，英語中除了「Netherlands」，也有「Holland」的說法。

荷蘭這個名稱源自於阿姆斯特丹、海牙等該國中心地區的州名「北荷蘭」和「南荷蘭」。從戰國時代到江戶時代初期，在日本主導通商的葡萄牙人就用「荷蘭」來稱呼它們的競爭對手，所以日本一般也沿用「荷蘭」這個名字。

荷蘭雖然並非大國，但有一段時期，他們也曾跨越大洋，引領世界貿易。

世界史的延伸

◈君臨歐洲的華麗一族

前面提到神聖羅馬帝國（德國）分裂為各邦，限制了皇帝的權力（第二章第十節）。但是不久後，帝位世襲，出現了一個擁有強大權力的皇族，那就是奧地利的**哈布斯堡家族**。當然，就算是哈布斯堡崛起，也並沒有改變德國處於各邦分權的狀態。但是哈布斯堡家族以獨特的手法，增加了家族的領地。那種手法就是婚姻政策。

一四七七年，哈布斯堡家族迎娶勃艮第公國公爵之女瑪麗亞。她從父親手上繼承的**勃艮第公國**，領土包含尼德蘭地區（現在的荷蘭、比利時周邊地區）和部分法國。這段聯姻關係使得哈布斯堡家族將這些土地納入版圖。此外，哈布斯堡家族在十五世紀末，也與西班牙皇家結下聯姻關係，不久後，出身哈布斯堡家族的菲利普與西班牙公主所生下的**查理**，繼承了西班牙王位，並接受任命成為神聖羅馬帝國皇帝。

總而言之，哈布斯堡家族的人除了領有奧地利、荷蘭、西班牙等地之外，也高於德國其他諸侯之上，成為神聖羅馬帝國皇帝。

查理死後，哈布斯堡家族分裂為奧地利支系和西班牙支系，各自擁立國王。查理之子腓力二世繼承了西班牙支系，他就是前述英國女王瑪麗一世的丈夫。

◈荷蘭獨立與江戶幕府

哈布斯堡家族利用政治聯姻而獲得的北部低地地區、荷蘭北部，是許多喀爾文新教徒聚集的地方。但是這個地方的領主是篤信天主教的西班牙國王腓力二世。他不但推動此地改信天主教，課以重稅，同時也強硬建立中央集權體制，因此引起百姓的反感，使得抗爭更擴

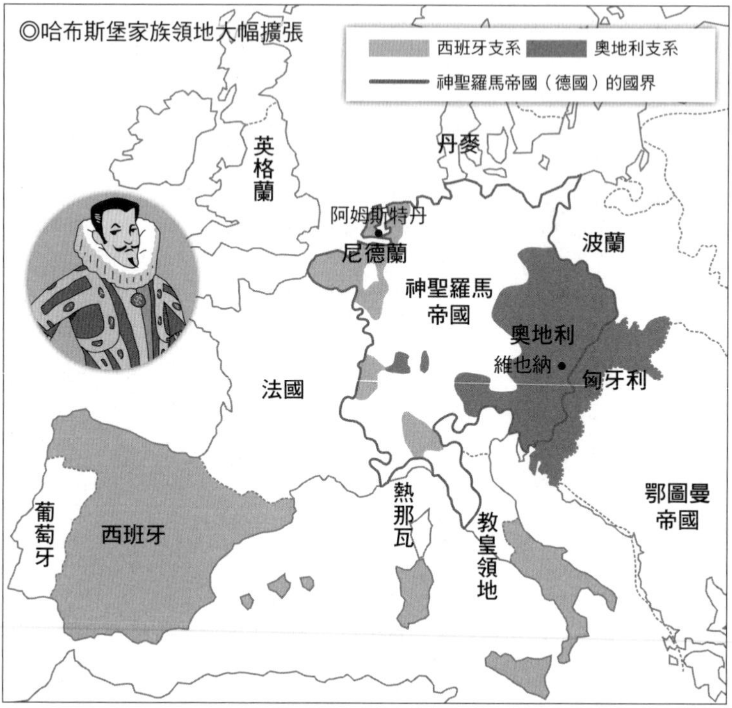
◎哈布斯堡家族領地大幅擴張
西班牙支系
奧地利支系
神聖羅馬帝國（德國）的國界
英格蘭
丹麥
阿姆斯特丹
尼德蘭
波蘭
神聖羅馬帝國
奧地利
維也納
匈牙利
法國
熱那瓦
教皇領地
鄂圖曼帝國
葡萄牙
西班牙

大、更激烈。

天主教徒較多的南部，雖已歸屬於西班牙統治，但北部於一五八一年宣布獨立，從此之後稱為**尼德蘭聯邦共和國（荷蘭）**。

隨後爆發激烈的獨立戰爭，西班牙派出無敵艦隊，對抗支持荷蘭獨立的英國，但如前面所述，遭到英國海軍擊敗。

兩軍於一六〇九年簽訂休戰條約，承認荷蘭事實上的獨立，但正式獨立必須等到一六四八年西發里亞和約（參照一五四頁）

簽訂後才生效。這幾十年間的歲月雖然很艱困，但也是荷蘭在經濟上發展成熟的時期。荷蘭發表獨立宣言之後，毛織品業者和商人從南部遷來，有了他們的協助，得以與美洲大陸進行貿易，建立起經濟繁榮的基礎。一六〇二年，荷蘭設立**東印度公司**，從葡萄牙手中奪得亞洲的貿易統治權，進而成為歐洲頂尖的貿易國家。

此時，日本在**江戶幕府**的治理下走向統一，戰國時代的強權——德川江戶幕府在歐洲各國中選擇荷蘭為當時唯一的貿易對象。原因是在當時，荷蘭的海運在歐洲各國中出類拔萃，另一方面也因為與荷蘭對抗的西班牙、葡萄牙立志傳布基督教，違反江戶幕府禁止基督教信仰的政策。荷蘭則是「經濟的歸經濟」，與宗教切割開來。

26

直布羅陀為什麼是英國的領地？

〉波旁家族與路易十四的時代

地圖之謎

伊比利半島有幾個國家？

說到伊比利半島上的國家，大家很容易會想到西班牙和葡萄牙。但是，還有兩塊例外的土地。一是位於庇里牛斯山脈山地的**安道爾公國**。這塊土地原本是烏格爾主教與富瓦伯爵共同擁有的領地，是一個自治區。但不久後富瓦伯爵亨利四世成為法國國王，於是這塊領地便由烏格爾主教與法國共同治理。時過境遷，一九九三年，它獨立成為一個國家。國家元首由續任的烏格爾主教和法國總統共同擔任。

另外，位於歐洲與非洲對望的**直布羅陀**，其實是英國的領土。以前，法國和英國等國為了西班牙王位繼承問題而發動戰爭（西班牙繼承戰爭），當時，**英國戰勝後，取得了幾個領**

◎伊比利半島上的國家

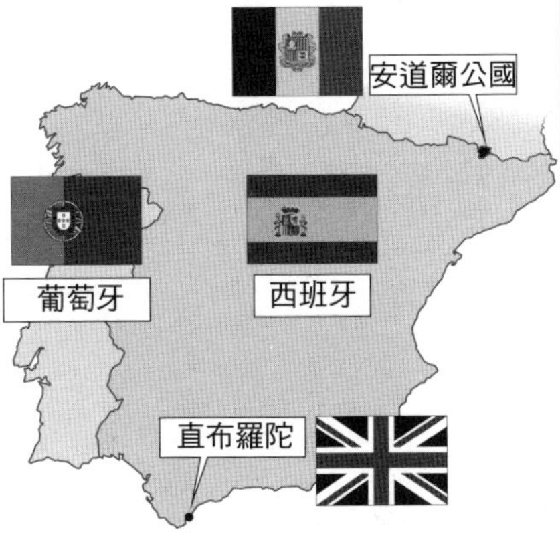
安道爾公國
葡萄牙
西班牙
直布羅陀

地作為勝利的報酬，其中之一就是地中海西邊的入口直布羅陀。它到現在都還屬於英國管轄。

附帶一提，直布羅陀對岸，位於北非的休達，以前一度被葡萄牙占領，但一五八〇年正式歸屬於西班牙，直到今日。

如今世界各地都還存在著歷史所造成的「飛地」。

在歐洲，若要說有哪個名門足以和哈布斯堡家族相匹敵，那就是法國的**波旁家族**了。

波旁家族的創始者是亨利四世，也是第一個擔任安道爾領主的法國國王。他的一生可以說都在天主教徒（舊教徒）與新教徒的衝突中渡過，他身處的十六世紀法國，就是被捲入新、舊兩派教徒激烈鬥爭的**胡格諾戰爭**（一五六二～一五九八年）漩渦中。原本是新教徒的他，為了讓兩派融合，娶了舊教徒的法國皇妹。但是，婚禮結束後，許多來為婚禮祝賀的新教徒都被殺害，稱之為「**聖巴托洛繆大屠殺**」。兩派持續對抗時，他繼承無子嗣的亨利三世的王位，即位成為亨利四世。一五九八年，他發布**南特詔書**，給予胡格諾派新教徒大幅的信仰自由，結束了胡格諾戰爭。

亨利四世死後，新教徒與舊教徒之間的鬥爭並未止歇，反而演變為全歐洲的戰爭，甚至進展為哈布斯堡家族與波旁家族的對立，這就是**三十年戰爭**。這場戰爭原本是舊教的哈布斯堡西班牙支派，與新教的波希米亞、丹麥、瑞典之間的衝突，但不久後即超越了宗教，舊教的法國前往支持丹麥。最後簽訂**西發里亞和約**（一六四八年）終結了戰事，各國承認喀爾文教派，承認德國（神聖羅馬帝國）諸侯的主權，皇帝的權力蕩然無存。神聖羅馬帝國事實上等於瓦解。

◎西發里亞和約簽訂後的歐洲

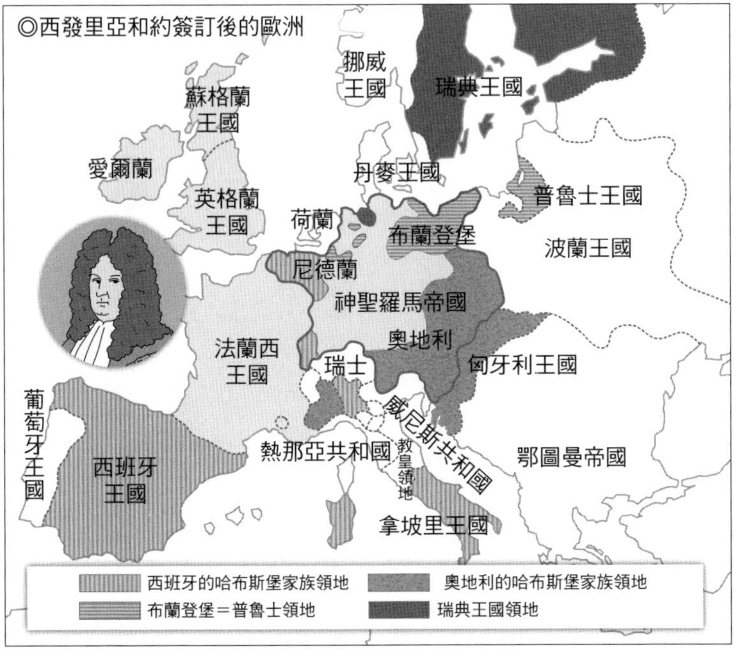
挪威
王國
瑞典王國
蘇格蘭
王國
愛爾蘭
丹麥王國
普魯士王國
英格蘭
王國
荷蘭
布蘭登堡
波蘭王國
尼德蘭
神聖羅馬帝國
奧地利
法蘭西
王國
瑞士
匈牙利王國
葡萄牙王國
威尼斯共和國
熱那亞共和國
教皇領地
鄂圖曼帝國
西班牙
王國
拿坡里王國
西班牙的哈布斯堡家族領地
奧地利的哈布斯堡家族領地
布蘭登堡＝普魯士領地
瑞典王國領地

◈路易十四的政治

路易十四世在三十年戰爭中期登基，後來稱霸歐洲大陸。年幼即位的他一待成年即不設宰相，宣布親政。

在他統治下有三項施政值得特別注意。

一是土木建築事業。其中最有名的是**凡爾賽宮**，這座宮殿集巴洛克建築之精髓，是波旁王朝繁榮的象徵。

二是三番兩次的侵略戰爭。法國發動了遺產戰爭（南尼德蘭）、法荷戰爭、大同盟戰爭（九年戰爭），與荷蘭、英國、哈布斯堡家族等對戰，但並未獲得太大的成果。

後來，哈布斯堡家族在西班牙支派絕嗣時，路易十四世欲讓其孫就任西班牙王位，但受到哈布斯堡家族、英國及荷蘭等反對，因而再度發起戰爭（**西班牙王位繼承戰爭**）。戰後，雙方締結**烏得勒支和約**（一七一三年），在西班牙不與法國進行合併的條件下，由路易十四世之孫——腓力五世就任西班牙王位。如前所述，將直布羅陀割讓給英國，便是這次戰爭的代價。

最後，在宗教政策方面，路易十四**廢止南特詔書**（楓丹百露敕令，一六八五年），迫害胡格諾派教徒，特別值得注意。最後，胡格諾派（新教徒）大量流亡國外。路易十四世的時代，擴增軍事費用和土木工程費，對百姓施以重稅。同時，胡格諾派的離開，使工商業露出衰敗的徵兆。「太陽王」路易十四雖然手握強大的權力，但波旁王朝卻是從他開始走向衰退的道路。

第5章

工業革命、民主革命及變化的世界

27

中東、近東、遠東是以哪裡為基準？

〉英國工業革命

地名之謎

席捲世界的西歐世界

我們聽過「中東」、「近東」以及「遠東」等地區的稱法。這些認為「很近」或「很遠的東方土地」的觀點，是從什麼地方的角度出發呢？

正確答案是歐洲，而且是英國的角度。經過工業革命後，歐洲，尤其是英國，獲得了龐大的勢力，將其他地區遠遠甩在後面，因此，國際時間是以通過英國格林威治天文台的子午線為標準，而其他**地名或地區的稱呼，也都以英國為標準**。

「近東」指的是最接近歐洲的土耳其或埃及等地區。「中東」，則是較上述地區稍遠的阿拉伯半島或伊朗等。但是，這些名詞指稱的範圍並不精確，需視狀況而定。有時也將「近東」、「中東」這些地區合稱「中近東」或「西亞」。

至於「遠東」一詞，指的是日本、朝鮮半島、中國東部等地。當時，印度是英國的殖民地，所以沒有特別稱呼它的地區用詞。

這裡所說的「東」，意指歐洲以東的位置，接近「亞洲」之意。第二章第十二節中提過，「亞洲」的語源為腓尼基語中的「東」，後來漸漸擴大了指稱的範圍。這裡「○東」的稱法，不妨也把它當成「東（即『亞洲』）」從近漸漸延伸到最遠處即可。

世界史的延伸

◈首開世界之先，完成工業革命的英國

英國在十八世紀之後，領先其他各國開始了**工業革命**。為什麼工業革命會從英國發展起來呢？事實上，這是因為十八世紀的英國已經具備了基礎。

◎工業革命造成都市人口大量激增

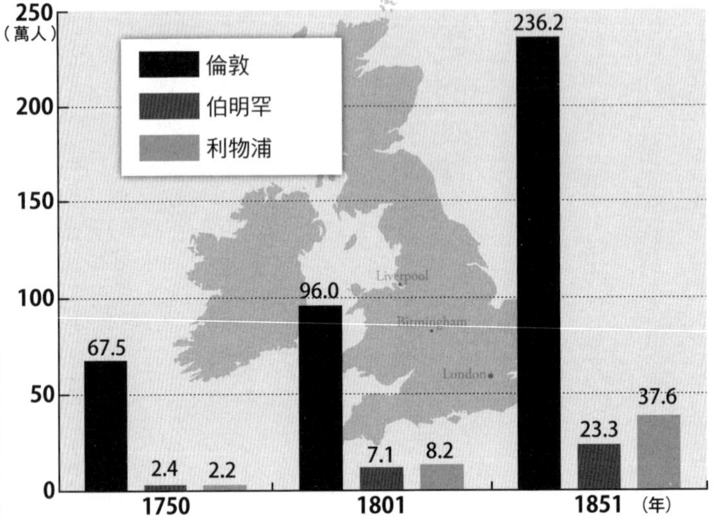
250
（萬人）
200
150
100
50
0
倫敦
伯明罕
利物浦
67.5
2.4
2.2
96.0
7.1
8.2
236.2
23.3
37.6
Liverpool
Birmingham
London
1750
1801
1851
（年）

英國在法印戰爭當中取得勝利，讓它在國外取得廣大的市場。這一部分會在下一節詳述，總之，英國有了手工業產品的販賣對象和市場。

另外，英國為了應付糧食不足的需求，在議會、政府的贊助下，大地主盛行將大規模的**農地圈占**起來以求自保，失去土地的農民只好成為工人，到農場或工廠工作。

還有另一個原因，英國毛織業方面早已有穩定的「**工廠製手工業**」制度，資本家建設工廠，徵集勞工，分工生產毛織品。也就是說，英國已有利用工具的工廠。

由此可知，英國有工廠和織布技術，有勞工，也有販賣生產物的市場。雖然他們的工業革命是從棉布生產大量出口到大西洋市場開始，但是正因為具備了這樣的基礎，只要在此時引進「機器」，就能一舉擴大生產。

「機器」的引進最先就是從手工的紡紗業開始的。

◈工業革命的先驅們其實不得志!?

約翰．凱在父親的羊毛工廠裡工作，他熱愛發明，不久發明了**飛梭**，可以用人力的三倍速度來紡織。一七三三年，他取得了專利，當時，他一定認為自己要飛黃騰達了。但是，他的發明卻使得紡織工人因恐懼失業而反彈，甚至他還遭受暴徒的襲擊。他只好逃離家鄉，最後死在法國。

毛織品用的飛梭在一七六〇年代被引進到棉布生產，但卻造成棉線材料大量不足。然而「需求為發明之母」，一七六四年以後，陸續有**哈格利夫斯**發明多軸紡紗機，**阿克萊特**發明水力紡紗機、**克朗普頓**發明騾子紡紗機。棉線大量生產後，**卡特萊特**又發明了動力織布機。大幅提升了紡織的生產效率，紡織業全體有了飛躍的成長。阿克萊特因頗有經營天分，成功經營大規模的工廠，進而升格為貴族。但是，哈格利夫斯和卡特萊特卻都遭遇被恐慌失業的工人攻擊的悲劇。至於克朗普頓，因為與他人的發明合併，未能申請專利，一生都沒有得到發明帶來的好處。這些名留青史的發明家，在生前都吃了相當多苦頭。

不久後，**瓦特**改良了**蒸汽機**。以前人類只能利用人力、動物或水力，但自瓦特之後，人類可使用化石燃料獲得新動力。蒸汽機後來被運用在蒸汽火車、蒸汽船上，世界突然變近了。這就是**交通革命**。

工業革命在一八三〇年代以後，普及到其他國家和地區，但最早經歷工業革命的英國，已經成為「世界的工廠」，征服其他各國。

但是，從另一個角度，工業革命也衍生出**勞動問題**、社會問題、公害等負面影響，也是大家必須關注的重點。

28 西班牙（哥倫布）發現了美洲，但為什麼北美洲卻變成英國的殖民地？

〉七年戰爭與法印戰爭

地圖之謎

哥倫布在北美的影響力很弱？

第一支到達新大陸的是西班牙的船隊，然而，為什麼北美洲會變成英國的殖民地呢？這是因為在**哥倫布到達美洲大陸的五年後，英國皇室支持的船長卡波特也成功地在北美洲靠岸**。後來，英國、法國、西班牙在北美洲一再爭奪領土，最後英國擊敗了法國和西班牙取得勝利（請參照一六七頁圖）。

至於**亞美利加**（America）的名稱，源自於在義大利佛羅倫斯誕生的探險家亞美利哥・維斯普奇（Amerigo Vespucci）。為什麼美洲不用第一發現者哥倫布的名字命名，而是用亞美利哥的名字呢？主要是因為哥倫布**到死前都一直把美洲當成印度**，但亞美利哥卻堅持它是

個未被發現的新大陸。那麼，沒有任何地方紀念哥倫布的名字嗎？倒也不是。南美洲的國家哥倫比亞、當地的最高峰哥倫布峰，以及美國首都華盛頓DC（District of Columbia，哥倫比亞特別區）的C，都保留著他的名字。

神聖羅馬帝國皇帝查理六世有個煩惱。身為哈布斯堡家族之長的他，雖然將奧地利領土擴張到最大規模，卻沒有後繼者可以傳承。他曾宣告領土不分割、傳男不傳女，現在自己卻要更改規定，他有些拉不下臉。但是，在唯一的兒子死去後，現在只剩下女兒可以繼承了。

苦思之後，查理六世推翻了自己的規定，宣布將王位傳給女兒**瑪麗亞・特蕾西亞**，好不容易才解決了繼承問題。一七四〇年，查理六世崩逝，瑪麗亞・特蕾西亞依照約定繼承哈布斯堡家族。但是，此舉引起德國各諸侯的反對。因為他們認為當初約定，王位需由男子來繼承。反對派的代表普魯士國王**腓特烈二世**，以此理由與西班牙、法國聯手向哈布斯堡家族宣戰，此為**奧地利王位繼承戰爭**。

◎七年戰爭的同盟、敵對關係

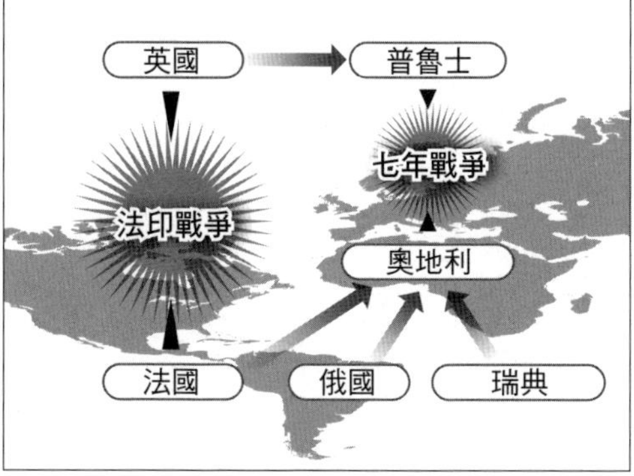
英國
普魯士
七年戰爭
法印戰爭
奧地利
法國
俄國
瑞典

戰爭的結果雖然承認瑪麗亞・特蕾西亞繼承哈布斯堡家族，但是普魯士占據了工礦業鼎盛的西利西亞，這個屈辱令瑪麗亞・特蕾西亞十分惱怒。

她推翻原有的外交方針，與對手法國同盟，也與俄國合作，對可恨的普魯士建立包圍網。孤立的普魯士便與英國結盟，先發制敵，開始了**七年戰爭**。

◈北美洲的變動救了普魯士？

率先出兵攻擊的普魯士陷於苦戰，奧地利與俄國軍隊合力夾擊，首都柏林眼看著即將失陷。但是這時候，與瑪麗亞·特蕾西亞結盟的俄國女皇伊麗莎白崩逝，由崇拜普魯士王腓特烈的彼得三世繼任，俄國從前線退兵。

另一方面，藉奧地利與普魯士之戰，而加入七年戰爭的英國和法國，同時期也為了爭奪北美洲的殖民地不斷發起戰端，這便是**法印戰爭**（French and Indian War，又稱「英法北美戰爭」）。在這場戰事中，英軍大勝法軍，將領地擴展到大部分北美洲地區。

俄國的退兵與英國在北美洲的勝利，讓普魯士在七年戰爭中喘了口氣。一七六三年，雙方簽訂和談條約，承認普魯士對西利西亞的控制權。七年戰爭雖然結束，卻未能達成瑪麗亞·特蕾西亞的心願。

這場七年戰爭與法印戰爭對後來的歷史有著巨大的影響。首先是普魯士逃離最惡劣的危

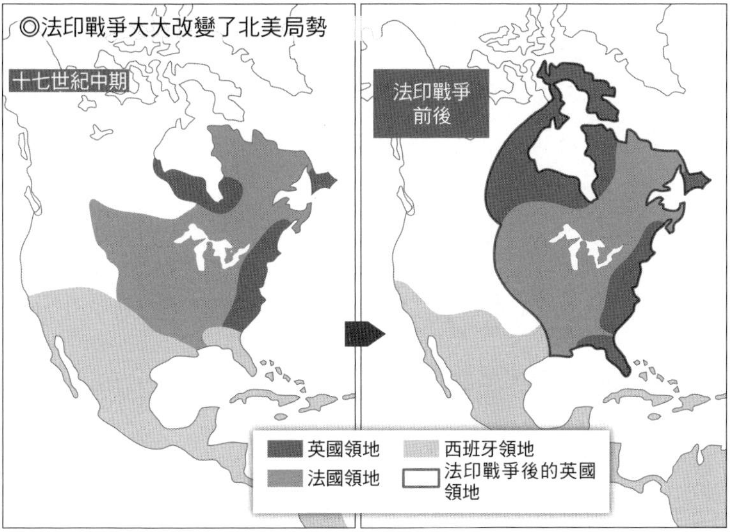
◎法印戰爭大大改變了北美局勢
十七世紀中期
法印戰爭前後
英國領地
法國領地
西班牙領地
法印戰爭後的英國領地

機，簽下有利和談條約，並在國際社會上獲得了強勢的地位。其次，英國在北美洲確保統治地位也十分重要。最後，這場戰爭讓英國和法國都背負沉重的財政負擔，也算是一個不可忽視的重點。

因為這個原因，英、法兩國都對自己國內和殖民地百姓加重稅賦，所以這也成為美國獨立戰爭與法國大革命的遠因。

29 美國的州界為什麼有的是直線，有的是曲線？

〉美國獨立革命

地圖之謎

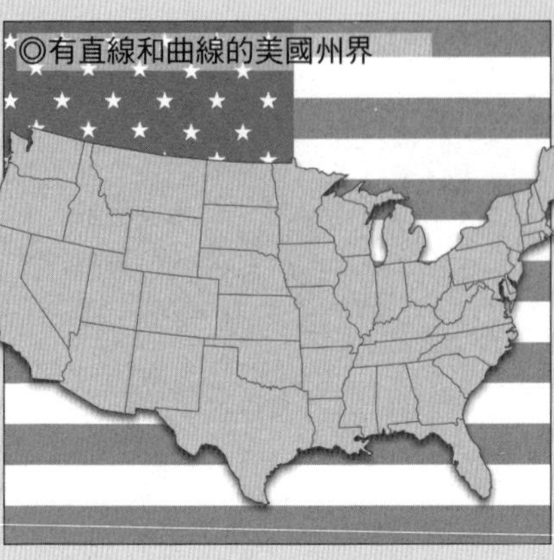
◎有直線和曲線的美國州界

經過了迂迴曲折，美國才成為現在的面貌

打開美國地圖，你會注意到，他們的州界有些地方是直線，有些地方是曲線。如果所有州界都是直線，可以想像那是人工畫分的界線。但為什麼也留下某些像是自然形成的曲線呢？令人頗為好奇。

為了解開這個謎，我們再參考另一張地圖。請見一七〇頁上標示美國各州成立的地圖。從此圖可知，除了阿拉斯加和夏威夷之外的四十八州中，獨立時的領土只有東側的一小部分，其他都還在英國、法國或是西班牙、墨西哥等的統治下。而且可以知道，**州界呈自然曲線的，大多是不同占領國的殖民地分界線**。

正因為地理條件和勢力關係所自然形成的邊界，與人工畫分的邊界混在一起，所以美國的州界才會有直線和曲線的差別。

世界史的延伸

◈讓殖民地負擔戰爭花費的英國

英國因為七年戰爭和法印戰爭，陷入財政困難的窘境，因而打算向殖民地課稅來增加收入。他們制定砂糖法，徵收砂糖的進口稅，加重走私貿易的處分，另外又制定**印花法**，規定商業文書、新聞、廣告等，都有義務貼上母國發行的印花，嚴加課徵殖民地的稅金。

殖民地的百姓對此十分憤慨、抗議，主張「**沒有代表不應課稅**」，也就是說，殖民地在

◎殖民地時代的國界線，很多都成為現在的州界線

1846年合併
1803年向法國購買
1783年英國割讓
1818年英國割讓
華盛頓
奧勒岡
愛達荷
蒙大拿
北達科他
南達科他
明尼蘇達
威斯康辛
密西根
新罕布夏
佛蒙特
麻塞諸塞
緬因
紐約
羅德島
康乃狄克
紐澤西
德拉瓦
馬里蘭
賓夕法尼亞
懷俄明
內布拉斯加
愛荷華
伊利諾
印第安那
俄亥俄
西維吉尼亞
維吉尼亞
加利福尼亞
內華達
猶他
科羅拉多
堪薩斯
密蘇里
肯塔基
田納西
北卡羅萊納
南卡羅萊納
亞歷桑那
新墨西哥
奧克拉荷馬
阿肯色
密西西比
阿拉巴馬
喬治亞
德克薩斯
路易斯安那
佛羅里達
1848年
墨西哥割讓
1853年向墨西哥購買
1845年合併
密西西比河
1819年向西班牙購買
建國時的
合眾國

母國的議會中沒有議員代表，母國就沒有課稅的權利。在激烈的抗拒之下，印花法於第二年撤除。但英國卻又制定了東印度公司壟斷茶葉進口貿易的茶葉法。反抗此法的殖民地百姓攻擊駛進波士頓港的東印度公司船隻，將三百四十二箱茶葉全部倒進海裡，稱之為**波士頓茶葉事件**。

英國因此封鎖了波士頓港，卻也引發殖民地民眾的不滿。一七七四年，召開了**大陸會議**，十三個殖民地的代表聚集，討論對策。第二年，在波士頓郊外的列星頓與康科德，英國軍隊與殖民地民兵爆發武力衝突，殖民地會議任命在

法印戰爭中有功的華盛頓為總司令，採取迎戰陣勢。**獨立戰爭**開打。

一七七六年七月四日，大陸會議通過**獨立宣言**，隔年，訂定了聯合規約，成立**美利堅合眾國**，一個全新的大國歷史就此展開。

◈西部開拓與原住民的悲歌

殖民地軍隊投入獨立戰爭，陷入相當久的苦戰。不過，與英國對立的法國則開始派兵支援殖民地軍隊。

此外，荷蘭、西班牙也投入戰爭，讓殖民地軍隊大獲助力。而俄國更與瑞典、丹麥、葡萄牙、普魯士組成武裝中立同盟，英國因此在外交上處於孤立狀態。

一七八一年，英國的據點約克鎮被攻陷，英國放棄戰爭。一七八三年簽訂巴黎條約，美利堅合眾國獨立，英國並將密西西比河以東的土地割讓給殖民地。

一七八七年，制定**合眾國憲法**，一七八九年，華盛頓就任第一任美國總統。

正當一個國家從重大的動亂中誕生，漸漸走向安定時，歐洲卻又爆發更大的動亂，那就是法國大革命。它開始時，華盛頓就任總統還不滿三個月。

美國自那時起，如一七〇頁圖所示，耗費了半世紀以上的時間，不斷地以購買或戰勝後要求割讓土地的方式，終於擁有貫通東西的廣大領土，成為北美大陸的大國。

但是，我們不能忘記在西部開拓時代，美國人壓迫原住民、奪取土地的歷史。據說原本住在當地的印地安人有一百萬人，但到了十九世紀末，減少到二十五萬人，只剩下四分之一。合眾國西部發生了許多不足為外人道的悲劇。

30

拿破崙被流放的厄爾巴島和聖赫勒拿島在何處？

〉法國大革命與拿破崙旋風

地理之謎

流放之島是絕海的孤島!?

法國皇帝拿破崙被放逐孤島兩次。一八一四年，他在垮台之後，被送到厄爾巴島，不久後他逃出該島，重新掌權。但是再次失敗，最後被流放聖赫勒拿島（參照一七四頁圖）。聽了這段經歷，各位一定會感到好奇，那麼容易（？）逃出的厄爾巴島，和第二次被流放的聖赫勒拿島究竟在什麼地方呢？

我們先來看看厄爾巴島。它位於地中海上，離義大利本土十分接近。義大利半島與它最近之處，大約只有十公里的距離。當時的島民約有一萬二千人左右，離海岸很近，輕易就能逃走。

◎與義大利半島十分接近的厄爾巴島

◎「孤島」印象的聖赫勒拿島

接著我們再看聖赫勒拿島。它是個非洲大陸西南方海域上的絕海孤島。為了方便顯示它的位置，必須使用可顯示出全世界比例的地圖才行。它的位置大約在非洲和南美洲的中央。實際上距離非洲還有二千公里之遠。

從地圖上比較這兩島的位置，便能真實感受到被流放到這兩個島時，拿破崙或其他流放者的心情了。

◈**民眾的不滿爆發革命**

因為七年戰爭和法印戰爭，法國的財政也愈顯吃緊，禍不單行的是饑荒嚴重。因此，國王**路易十六世**向貴族和聖職者等特權階級課稅，試圖重建財政。一七八九年，舉行了依身分分為三種代表的**三級會議**。但是會議在程序問題上難以達成一致，尤其是以前被排除在政治外的平民階級（第三級）議員爆發不滿，於是成立了由平民主導的**國民會議**。國王有意舉兵鎮壓，卻因而爆發**攻擊巴士底監獄**、各地農民造反等事件，是為**法國大革命**。

不久，路易十六世皇后瑪麗・安東涅特的娘家奧地利等國，發動軍隊意圖干涉革命。一七九二年，民眾在巴黎暴動，國民會議廢止王政，建立**共和政體**。一七九三年一月及十月，路易十六世和皇后瑪麗・安東涅特分別被送上斷頭台處刑。

之後，英國及歐洲各國組成**反法同盟**，對革命施加壓力。同時，法國國內，因為革命政權將反對派大量處死，施行恐怖政治，政局十分不穩。多數民眾都期待著有能力的領袖，帶

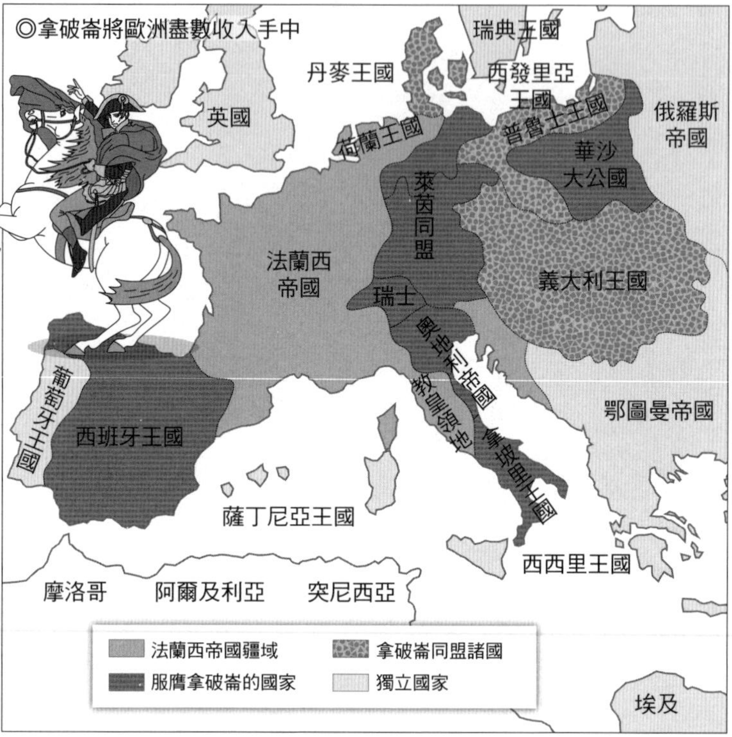
瑞典王國
丹麥王國
西發里亞
王國
普魯士王國
俄羅斯
帝國
英國
荷蘭王國
華沙
大公國
萊茵同盟
法蘭西
帝國
義大利王國
瑞士
奧地利帝國
教皇領地
拿坡里王國
鄂圖曼帝國
葡萄牙王國
西班牙王國
薩丁尼亞王國
西西里王國
摩洛哥
阿爾及利亞
突尼西亞
埃及
法蘭西帝國疆域
拿破崙同盟諸國
服膺拿破崙的國家
獨立國家
◎拿破崙將歐洲盡數收入手中

領國家平定混亂。就在這時，拿破崙出現了。

◈改變歐洲面貌的拿破崙

拿破崙．波拿巴最先展現的是他在軍事上的長才。

他在對義大利、奧地利的戰爭中大獲全勝，發揮軍事上的能力。

從遠征回國時，受到民眾狂熱的支持，因而掌握了政權。

一八〇四年，經由國民投票，拿破崙成為皇帝，頒布

《拿破崙法典》等，在內政上施展實力。

在軍事方面，雖然在**特拉法加海戰**敗給英國，但是陸軍卻連破奧地利、俄國、普魯士等大國，消滅了神聖羅馬帝國。

一八一〇年，歐洲大陸絕大多數地區都納入拿破崙的統治之下，但是掌握的時間並不持久。

一八一二年，拿破崙軍隊遠征俄國失敗，普魯士、奧地利、俄國聯軍在**萊比錫戰役（民族會戰）**中成功擊敗拿破崙軍隊。

拿破崙被流放厄爾巴島，歐洲各國於一八一四年召開**維也納會議**，討論戰後的處理對策。

但是此時，拿破崙逃出厄爾巴島，圖謀東山再起。然而，在**滑鐵盧一役**中，拿破崙大敗，被流放聖赫勒拿島，在島上終結此生。

拿破崙旋風之後，維也納會議決定，讓歐洲回復到法國大革命之前的狀態，法國、西班牙的波旁家族也重新復辟。

31

為什麼智利的國土南北狹長？

南美洲的獨立

地理之謎

國土逐漸擴展的智利

世界各國的領土有著各種大小不一的形狀，但智利卻是其中最具特色的國家之一。它的國土呈細長形，彷彿側躺在南美大陸的西側。為什麼智利會成為那麼細長的國家呢？

地形上來說，智利東側聳立著安地斯山脈，所以有難以橫向擴展的先天限制。話雖如此，它並不是從一開始就長得這麼狹長。最初，皮薩羅消滅印加帝國後，部下彼得·迪·巴爾迪維亞南下，建設了現在的首都聖地牙哥，並以此為據點發展。那時的領土只有現在國土的中央部分，主要因為南方有原住民馬普切人激烈地抵抗（阿勞卡尼亞戰爭），領土無法擴張。

一八一八年，智利成為獨立國家。之後到一八八三年，終於與抵抗長達三百年的馬普切人達成和解，國土正式擴展到南部。

此外，他們也在從一八七九年與北部的祕魯、玻利維亞開打的「太平洋戰爭」中獲勝，因而將領土向北部擴張。**往南、北擴增領土的智利，最後就成了國土狹長的國家**。

十九世紀前半，南美各國紛紛完成了獨立。在這個時期陸續獨立的原因各不相同，不過拿破崙旋風確實帶來相當大的影響。

前面已提過，南美大陸除了巴西之外，都是西班牙的殖民地。但其母國西班牙，卻敗給拿破崙率領的法軍，成為拿破崙腳下的領土。所以趁著母國實力衰弱之際，獨立運動便風起雲湧地開始了。

最早完成獨立的是法國領地的**海地**。接觸到法國大革命的黑奴，在海地發動叛變，成功脫離法國獨立。其他地區看到這個動向，便在殖民地出生的白人「**克利奥人**」主導下，推動起獨立運動。而且北部與南部同時發起行動。

◈為南美洲獨立而戰的兩位英雄

對南美獨立有特殊貢獻的英雄之一是**西蒙・玻利瓦**（Simon Bolivar）。他幼年就父母雙亡，但受到一名好家庭教師的薰陶，學習到自由主義的思想。但是，他真正投身獨立革命的原因，據他晚年時說，是因為愛妻的病故。結婚第二年便失去妻子的他，投入獨立運動，不久在南美北部建立了**大哥倫比亞共和國**，成為總統。他也解放了**祕魯**、**玻利維亞**，立志接下

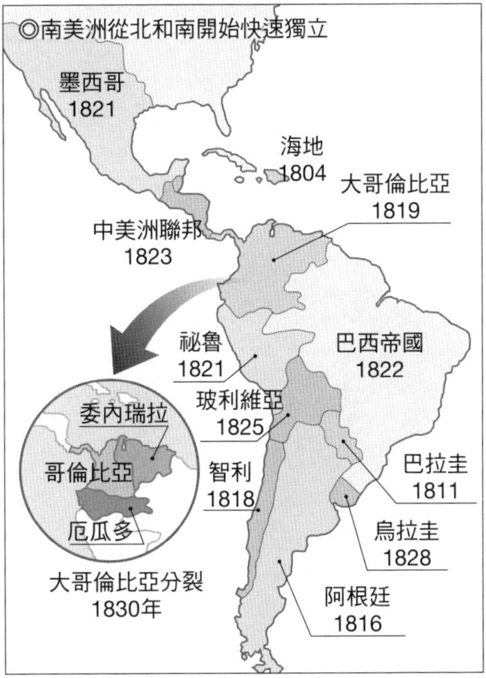
墨西哥
1821
海地
1804
大哥倫比亞
1819
中美洲聯邦
1823
祕魯
1821
巴西帝國
1822
玻利維亞
1825
委內瑞拉
哥倫比亞
厄瓜多
智利
1818
巴拉圭
1811
烏拉圭
1828
大哥倫比亞分裂
1830年
阿根廷
1816
◎南美洲從北和南開始快速獨立

來要統一南美洲。

但是事與願違，獨立各國內部發生了對立，雖然他心心念念著南美統一，大哥倫比亞仍分裂成「委內瑞拉」、「哥倫比亞」、「厄瓜多」三國。玻利瓦對此十分失望，決定淡出政治，不再參與活動。同年，他在失意中結束了一生。雖然他在晚年背負著悲劇般的命運，但他仍然是民眾最愛戴的獨立領袖，玻利維亞（Bolivia）的國名便是紀念他的名字。

玻利瓦在北部推動獨立的同時，**聖馬丁**則從南方發起行動。他出生於阿根廷，年幼時回到母國西班牙，成為軍人。在西班牙與拿破崙作戰，獲得豐碩的戰果。

不久，**阿根廷**發動獨立運動後，他便加入，為國家的獨立貢獻一己之力。之後，北部的玻利維亞雖然意圖獨立，但該地殖民地軍隊防守嚴密，難以對付。因此他想出了奇招。

就像古代的漢尼拔進攻羅馬，聖馬丁也率軍越過安地斯山脈的高聳山脊，攻入**智利**，解放了該地，進而北上攻下**祕魯**。他獲得祕魯「護國公」的稱號，實施新的改革政策。

然而，激進的改革引起周圍人士的反對，聖馬丁漸漸失去了政治影響力。這時候玻利瓦自北南下推動獨立運動。聖馬丁與玻利瓦會談後，他將玻利維亞的獨立交託給玻利瓦，自己逃往法國，然後也在失意和貧困中離開人世。但是，現在民眾推崇他為獨立英雄，阿根廷更將他的生日訂為國定假日。

至於歸屬於葡萄牙的**巴西**，當拿破崙進攻葡萄牙時，葡萄牙王子來到巴西避難。在拿破崙失勢之後，他仍然留在此地，一八二二年自立為巴西皇帝，脫離母國而獨立。

32

為什麼阿拉斯加不屬於距離較近的加拿大和俄國，反而成為美國的領土？

〉維也納體制瓦解後的歐洲

地圖之謎

以一筆小錢被賣掉的阿拉斯加

打開世界地圖便能一目瞭然，阿拉斯加的土地與加拿大相連，也與俄國非常接近。但是，為什麼它會成為美國的一部分呢？

其實，阿拉斯加原本是俄國的領土，出生於丹麥的俄國海軍軍官白令，奉沙皇之命出海探險，確認歐亞大陸與美洲大陸並沒有相連。他將阿拉斯加納入俄國國土，作為獵捕海獺，獲取其毛皮的根據地。

一八三五年，俄國出兵，與鄂圖曼帝國、英國、法國等國家爆發克里米亞戰爭。這場戰爭導致俄國財政困難。而海獺數量的劇減，也讓俄國難以繼續經營阿拉斯加。

在這種狀況下，將領土賣給鄰國加拿大是再自然不過的想法，但是當時加拿大為英國的領土，俄國不能將領土賣給眼前的敵人，於是**便採行次佳方案，將阿拉斯加賣給美國**。

阿拉斯加的售價僅僅七百二十萬美金。後來美國在此開發金礦等，於半世紀內獲得了一百倍的利益。

世界史的延伸

◈維也納體制的瓦解

在維也納會議上，法國、西班牙的波旁家族復辟，各國圖謀用正統主義的名義，恢復舊王朝和舊體制。但這只是一時的「復活」。在法國大革命中萌芽的自由主義，促成了反政府運動、革命運動、民族運動，驅使歐洲走向推翻舊制度的方向。

在法國，一八三〇年發起了**七月革命**，放逐壓迫百姓的查理十世，重新將路易・菲利普迎為新王。

但是，這位路易・菲利普也在一八四八年二月觸發的革命（**二月革命**）中，被迫遜位，法國轉變為共和政體。

在此之後，拿破崙的姪子路易・拿破崙掌握了權勢，經由國民投票，即位為法國皇帝**拿破崙三世**。

二月革命的影響在歐洲各地投下了火苗，各地紛紛展開革命運動。這種體制的轉換，叫做「**民族之春**」（Spring of Nations）。德國和奧地利也發生掌權者下台、政權交替的現象。基於正統主義的復古政治體制也逐步地走向盡頭。

◈大博弈與克里米亞戰爭

各地皆處革命烽火之中，唯有英國繁盛勃興。由於英國最早經歷工業革命，對法國的拿破崙也從未屈服，在**維多利亞女王**遵從「君臨但不統治」的原則下，由兩大政黨發揮功能。

◎俄羅斯帝國恣意擴展統治版圖
俄羅斯帝國
莫斯科
清
克里米亞半島
俄羅斯帝國最大疆域
十七世紀的疆域
十八世紀加入的疆域
十九世紀加入的疆域

一八五一年，第一屆**萬國博覽會**在倫敦舉行，向全世界展現了英國的繁榮。

同樣也未向拿破崙屈服的俄國，成為英國的對手。

俄國採取**南下政策**，廣泛地在各地與從海路北上的英國發生對立。這時英國與俄國的較勁，又稱為「**大博弈**」（The great game）。

兩國的對立在**克里米亞戰爭**到達頂點，最初，俄國向當時統治耶路撒冷的鄂圖曼帝國要求聖地管理權，但遭到拒絕，因而開啟了戰端。兩方激戰的地點在黑海的克里米亞半島。這個地方現在仍是俄羅斯與烏克蘭、北大西洋公約組織（NATO）之間爭奪統治權的地區。

開戰之初，原只是俄國與鄂圖曼帝國的紛爭，但在英國、法國都加入鄂圖曼帝國陣營後，變成賭上大國命運的戰爭。

雙方激烈戰鬥之後，俄國敗北，兩軍裝備的差距成為勝敗的關鍵。英、法兩國的軍艦都是蒸汽船，但俄國卻仍是帆船。俄國大砲的射程距離，據說還不及英、法大砲的一半遠。

特別值得一提的是，在這場戰爭進行到中途時，英國人威廉・阿姆斯壯發明了**阿姆斯壯砲**。這種最新式的快射砲，也運用在美國南北戰爭和日本戊辰戰爭，大大地改變了世界的歷史。

克里米亞戰爭導致俄國南下政策以失敗告終，俄國被迫加速現代化。相反地，英國則高唱「不列顛治世」的興盛。

33 美國南部指的是哪些州？

〉南北戰爭與德國・義大利的統一

地圖之謎

影響州分類的事件

將美國的州分類的話，有「南部」、「東部」、「中西部」等稱呼。

其實，**這種「〇部」的稱法，並沒有固定**，不同機關所選的州別會有些微的小差距。左頁圖中「美國南部十二州政府觀光局」所說的「南部」州，與人口調查局區分的「南部」州，其中的細微差別，應該很容易看得出來吧。

雖然兩者都稱為「南部」，但實際上，看起來卻是「東南部」，加州和亞歷桑那州等在緯度上明明屬於「南部」的州，卻通常不包含在南部中，而屬於「西部」。因為這些「〇部」的分類，並非單純只用方位來區分，而是從歷史、氣候、風俗等固有習慣來區分的。

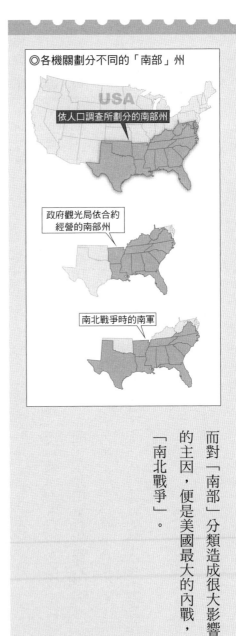

◎各機關劃分不同的「南部」州

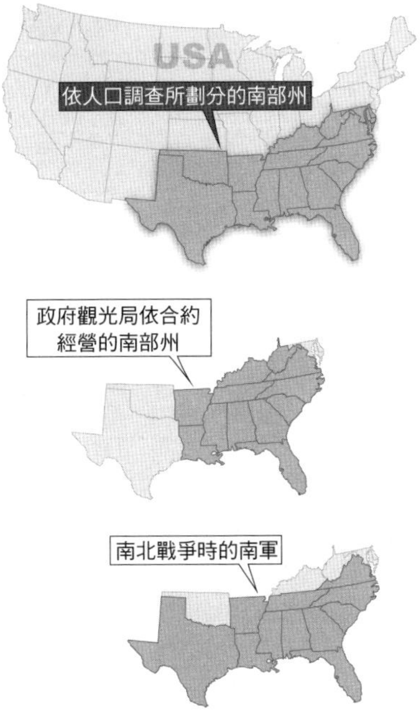
USA
依人口調查所劃分的南部州
政府觀光局依合約經營的南部州
南北戰爭時的南軍

而對「南部」分類造成很大影響的主因，便是美國最大的內戰，「南北戰爭」。

世界史的延伸

◈將美國一分為二的南北戰爭

十九世紀中葉，美國南部開闢了很多使用奴隸的棉花田，因而支持奴隸制、推動自由貿易、強化州自治的傾向愈來愈強。但是，相對於南部，北部卻反對奴隸制度，追求保護貿易、聯邦主義的傾向較強。兩者的對立日益激烈，尤其以開拓西部後增加的新州是否承認奴隸制最具象徵意義。

一八六〇年，一名西部出身的男子當選美國總統，他的想法接近北部，認為奴隸制度不應繼續發展下去。這位總統就是**亞伯拉罕．林肯**。連續出過數任總統的南部對此十分不服，竟決定脫離美利堅合眾國，另外創立美利堅聯盟國，選出自己的總統。林肯不承認南部脫離，因而開始了**南北戰爭**。

最初，北軍處於劣勢，但林肯總統發表**解放奴隸宣言**，得到國內外大力的支持後，情況漸漸有了轉機，終於在最激烈的戰場──蓋茲堡戰役取得勝利。在此地舉行的儀式中，林肯談到「**民有、民治、民享的政治**」成為留芳後世的名言。不久後，南部首府里奇蒙失陷，南軍投降，南北戰爭結束。經歷苦難，終於得到勝利的林肯，卻在接到捷報的幾天後，遭到暗殺身亡。

◈德國與義大利的統一

美國南北分裂的時候，德國與義大利，也各自為國家的統一而展開各種活動。

義大利發動北方與南方的統一運動。北方以**薩丁尼亞王國**為中心，它與法國聯合，戰勝對奧地利的戰爭，漸漸將北部的土地合併起來。在義大利南部，**加里波底**率領的部隊，打倒統治西西里島與拿坡里的兩西西里王國，並將這些土地讓給薩丁尼亞王。一八六一年，維托里奧・艾曼紐二世登基為薩丁尼亞王，成立**義大利王國**。不久後，一八六六年和一八七〇年分別合併了威尼斯和羅馬教皇領地。

德國方面，在普魯士的主導下推展統一大業。普魯士首相**俾斯麥**演講時說：「德國的問題必須用鐵與血來解決。」將國家轉向軍備擴張路線。

普魯士在**普奧戰爭**、**普法戰爭**中獲得勝利，將奧匈帝國以外的其他地區統合起來，一八七一年成立了**德意志帝國**，普魯士國王成為德意志帝國的皇帝，而俾斯麥則就任帝國宰相。此後他率領德國二十年，利用拿手的外交策略牽引著其他歐洲各國。

至於在法國，普法戰爭之際，拿破崙三世戰敗成為俘虜，因而失勢。帝政瓦解，共和政體復活（**第三共和**）。

◎德國與義大利的統一概況
1866年之前的普魯士領土
荷蘭
柏林
布拉格
奧匈帝國
維也納
1871～1918年
德意志帝國的國界
威尼斯1866年被合併
1859～60年合併
薩丁尼亞王國
羅馬
拿坡里
羅馬教皇領地
1870年被合併
西西里

同一時期的東亞，有別於仍然維持舊體制的清朝和朝鮮王朝，日本展開**明治維新**，藉由文明開化，急速走向近代化。

第6章

帝國主義、兩次世界大戰，以及現代

34 有以「自由」為名的國家嗎？

帝國主義

地名之謎

為自由而戰的國家

你知道有個國家的國名，具有「自由」（Liberty）的意義嗎？那個國家叫做賴比瑞亞共和國（Republic of Liberia），它位於非洲西部大西洋沿岸地區，也是非洲最古老的共和國。而且，**「自由」這個國名，與該國的成立有關**。

賴比瑞亞的首都蒙羅維亞，是美國移民協會為解放奴隸而建設的都市。所以，這個國家也建設為讓獲得「自由」的奴隸們移居的國度。首都蒙羅維亞即是以當時美國總統門羅之名來命名的。

一八四七年，賴比瑞亞成為非洲最早獨立的國家，即使在非洲被歐洲列強瓜分的殖民地時代，它也一直維持獨立。二十世紀末開始內戰頻傳，國土多有損害，但二十一世紀的現在，國家正走向復興和重建。

世界史的延伸

◈第二次工業革命與瓜分非洲

工業革命從英國發起後，漸漸擴大到歐洲各國。最初運用煤和蒸汽機為動力，以發展輕工業為主。但不久後，加入了石油和電作為新動力，也開始把重心放在重工業上。這個新階段的工業結構的改變，叫做**第二次工業革命**。而這項新經濟的領袖，也換成新興勢力的美國與德國。

致力在經濟成長的歐洲各國（**列強**），開始爭奪殖民地，作為資源的供應地與產品的市場。亞洲、非洲成為歐洲殖民的主要對象，進入了歐美各國互相搶奪的「**帝國主義**」時代。

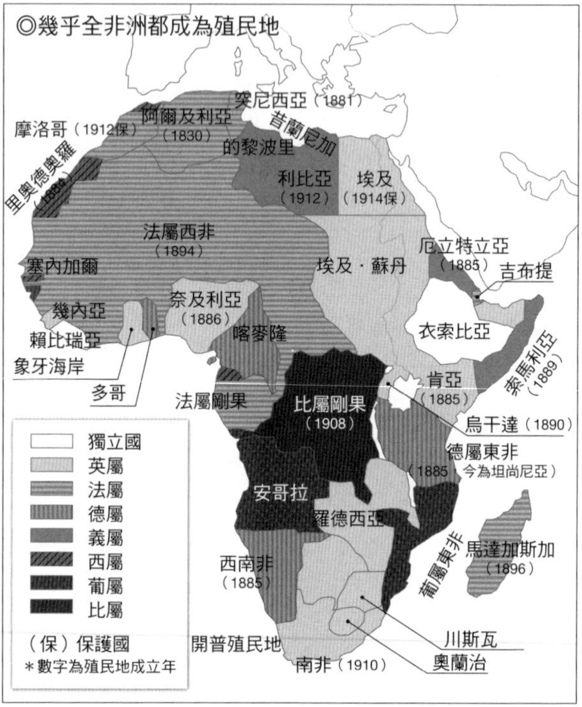
◎幾乎全非洲都成為殖民地
突尼西亞（1881）
阿爾及利亞（1830）
摩洛哥（1912保）
昔蘭尼加
的黎波里
利比亞（1912）
埃及（1914保）
里奧德奧羅（1884）
法屬西非（1894）
厄立特立亞（1885）
吉布提
埃及．蘇丹
塞內加爾
奈及利亞（1886）
幾內亞
衣索比亞
賴比瑞亞
喀麥隆
象牙海岸
索馬利亞（1889）
肯亞（1885）
多哥
法屬剛果
比屬剛果（1908）
烏干達（1890）
德屬東非（1885，今為坦尚尼亞）
獨立國
英屬
法屬
德屬
義屬
西屬
葡屬
比屬
安哥拉
羅德西亞
葡屬東非
馬達加斯加（1896）
西南非（1885）
（保）保護國
＊數字為殖民地成立年
開普殖民地
川斯瓦
南非（1910）
奧蘭治

自一八八〇年起，列強就為了非洲的殖民地爭得頭破血流，為了解決對立，在德國的俾斯麥主導下，於一八八四年到次年間，舉行了**柏林會議**。在這次會議中達成共識，已合法控制某國即優先擁有該地之領土權的原則（**先占權**）。說得直白點，就是「先占先贏」。歐美列強以雷厲風行的速度，將非洲占為殖民地的行為，可以說並不令人意外。只有衣索比亞和賴比瑞亞很辛苦地維持獨立，其他國家都在二十年間淪為歐美列強的殖民地。這便是**瓜分非洲**。

◈列強的矛頭也指向亞洲、太平洋地區

列強占領的殖民地不只在非洲，印度於一八七七年，納入英國的統治之下，成立了**印度帝國**，尊維多利亞女王為皇帝。東南亞方面，除了泰國以外的地區，都被列強瓜分。在中國，由於在**鴉片戰爭**、**英法聯軍之役**中，清朝都敗給英國，被迫割讓香港島和九龍半島南部，簽下不平等條約，處於極端的劣勢。

不只是非洲、亞洲，列強還競相將太平洋群島也占為殖民地。澳洲、紐西蘭為英國所占領，開始了對**澳洲原住民**和**毛利人**而言，極其艱苦的歷史。德國也占有南太平洋的島嶼，其

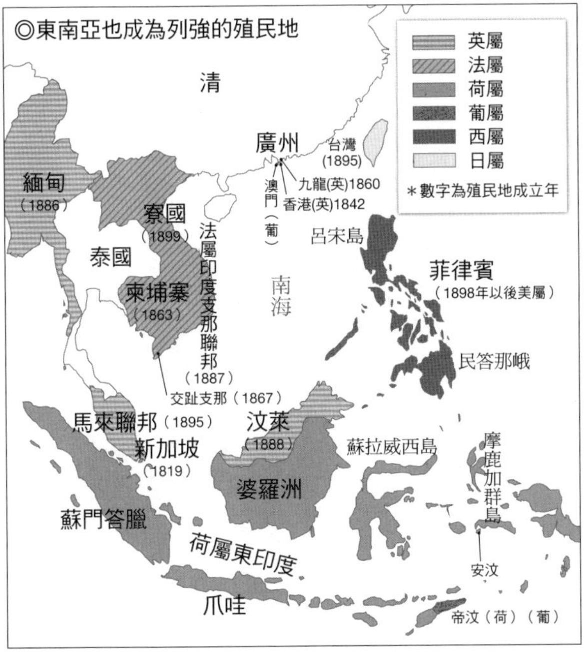
英屬
法屬
荷屬
葡屬
西屬
日屬
＊數字為殖民地成立年
清
廣州
台灣
(1895)
澳門（葡）
九龍(英)1860
香港(英)1842
緬甸
（1886）
寮國
（1899）
泰國
柬埔寨
（1863）
法屬印度支那聯邦
（1887）
南海
呂宋島
菲律賓
（1898年以後美屬）
民答那峨
交趾支那（1867）
馬來聯邦（1895）
新加坡
（1819）
汶萊
（1888）
蘇拉威西島
摩鹿加群島
婆羅洲
蘇門答臘
荷屬東印度
安汶
爪哇
帝汶（荷）（葡）
◎東南亞也成為列強的殖民地

◎被形容成樂園的島嶼，也成為列強的殖民地

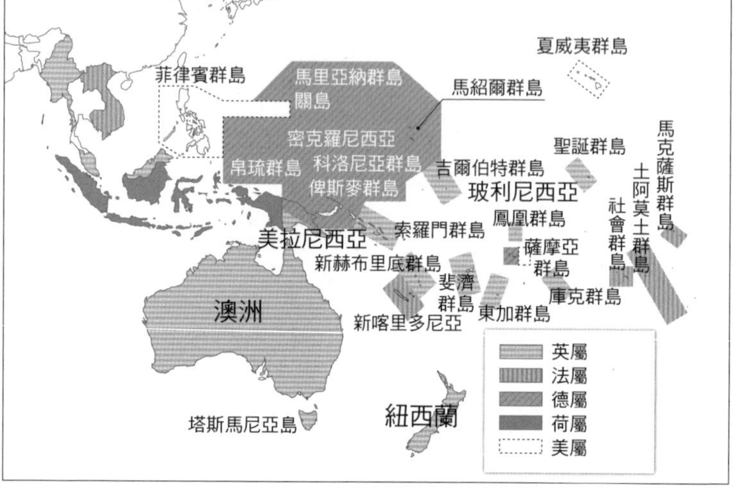
夏威夷群島
菲律賓群島
馬里亞納群島
關島
馬紹爾群島
密克羅尼西亞
帛琉群島
科洛尼亞群島
俾斯麥群島
聖誕群島
吉爾伯特群島
玻利尼西亞
馬克薩斯群島
土阿莫土群島
社會群島
鳳凰群島
索羅門群島
美拉尼西亞
薩摩亞群島
新赫布里底群島
斐濟群島
庫克群島
東加群島
澳洲
新喀里多尼亞
英屬
法屬
德屬
荷屬
美屬
紐西蘭
塔斯馬尼亞島

中美拉尼西亞的一部分島嶼甚至還以德國宰相之名命名為「**俾斯麥群島**」。美國在與西班牙的戰爭（**美西戰爭**）中獲勝，取得了菲律賓、關島，也在同時期併吞了夏威夷。**夏威夷王國**最後的女王利留卡拉尼曾將被迫遜位的悲哀，寄託於歌曲中，現在全世界耳熟能詳的夏威夷名曲〈珍重再見〉（Aloha 'Oe），便是由女王親自作詞作曲的離別曲。

於是，將廣大的亞洲、非洲、太平洋地區占為殖民地的列強，為了重劃勢力圈，一再地合作和對立。而這些行動不久後也造成了難以挽回的悲劇。

35

哪裡以佛的名字當作地名？

甲午戰爭

地名之謎

分享菩薩功德而命名的地方

本書介紹了許多地名，來自於各式各樣的緣由。但是，源自於佛教佛名的地名，卻是相當少見吧。而且這個地名，也是大家相當熟悉的地方。

它就是「滿州」。這個字源自一佛名，在梵語中稱為「曼殊室利」，又稱為「文殊菩薩」，即大家所知司掌「智慧」的菩薩。日本福井縣核能研究開發機構的高速增殖爐「文殊」，也是取名於此。

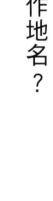

「滿州」是住在中國東北部的滿州（女真）族在表示自己種族、國名時，為比附文殊菩薩而命名的。之後，一般都指稱他們的出身地——中國東北地方。滿州（女真）建立的國家稱為「金（後金）」，「金」後來改稱為「清」，統一了全中國。

世界史的延伸

◈甲午戰爭的爆發

中國東北部滿州族建立的清朝，取代了明朝，於十七世紀開始統治中國，經歷兩百多年的歲月，成為東亞名震四方的大國。但是，到了十九世紀，英國等歐美列強挑起鴉片戰爭、英法聯軍之役，簽訂對自己國家有利的條約，清的國力逐漸被削弱。

相反地，經過二百多年的鎖國政策後，日本開國，推行明治維新，急速地朝近代化邁進。同時，日本與清朝為朝鮮半島的問題，到了一八九四年，也開始有了軍事衝突，是為**甲**

午戰爭。

在豐島海戰中，日本打勝了首戰，之後，日本陸軍於平壤戰役將清軍趕出朝鮮半島，海軍在黃海海戰中擊破清的主力艦隊，占領要塞旅順、大連。日軍挾強大優勢推進戰火，第二年在下關與清議和，簽訂**馬關條約**。

根據這項條約，一、清朝承認朝鮮半島獨立。二、割讓遼東半島、台灣、澎湖諸島，並支付二億兩白銀的賠款。

戰爭中大獲全勝的日本，在亞洲各國相繼變成歐美列強殖民地時，成為入侵大陸的踏腳石。

但是，這個做法又引發了新的對立火種。正在摸索南下政策的俄國，對日本的入侵十分不滿，與法國、德國一起向日本要求歸還遼東半島（**三國干涉還遼**），日本迫於無奈只能應允。但俄國卻趁機租借遼東半島南部，因而與日本之間產生了新的對立。

◈半殖民化的「睡獅」

甲午戰爭對清朝的影響更為強烈。

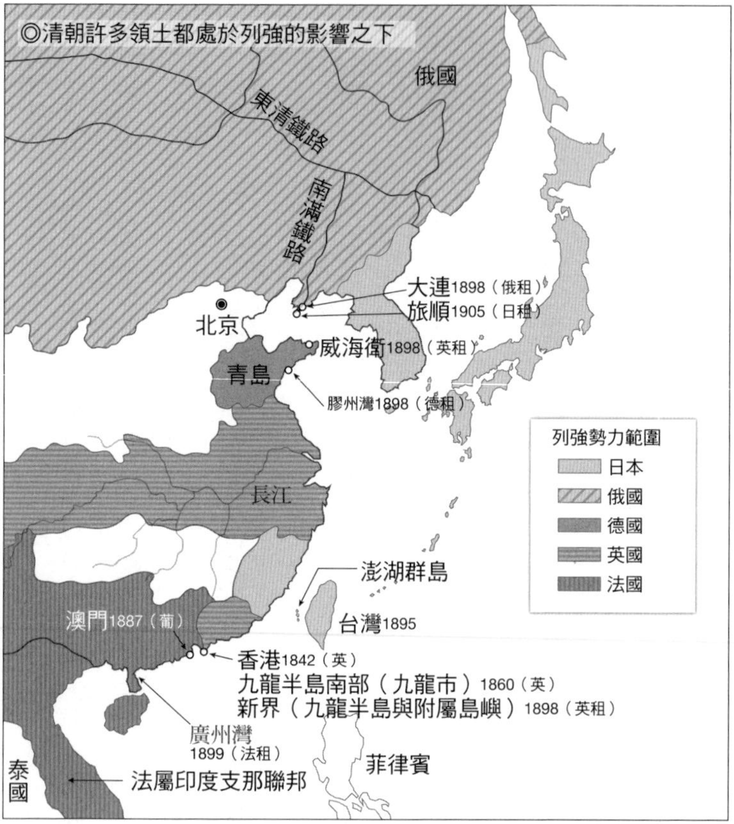
俄國
東清鐵路
南滿鐵路
大連1898（俄租）
旅順1905（日租）
北京
威海衛1898（英租）
青島
膠州灣1898（德租）
列強勢力範圍
日本
俄國
德國
英國
法國
長江
澎湖群島
台灣1895
澳門1887（葡）
香港1842（英）
九龍半島南部（九龍市）1860（英）
新界（九龍半島與附屬島嶼）1898（英租）
廣州灣
1899（法租）
菲律賓
泰國
法屬印度支那聯邦
◎清朝許多領土都處於列強的影響之下

各國原本畏懼中國的潛在能力，因而將清朝稱為「**沉睡的獅子**」。然而甲午戰爭的慘敗，讓諸國看清了中國的積弱不振，歐美列強於是爭先恐後地參與瓜分中國。

德國以傳教士被殺事件為藉口，率先占領膠州灣，隔年一八九八年，演變成強行租借。

另外，前述已提到俄國租借遼東半島南

部，英國則租借威海衛和九龍半島與之對抗，法國也占領、租借廣州灣。

各國並且更進一步要求清朝承認其占有地的優先權，德國要求山東省，英國要求長江流域和廣東東部，法國要求廣東西部和廣西，日本則要求福建省，各自建立起勢力圈。

清朝國內見此情勢，熱烈發起了排外運動，尤其是宗教結社**義和團**，打著「**扶清滅洋**」的口號，占領北京外交官街，殺害日本和德國的外交官（**義和團事件**）。清朝廷也響應這個運動，向各國宣戰。

不料，歐美列強八國共同出兵，八國包括日本、俄國、英國、美國、德國、法國、奧地利、義大利。清朝廷面對八國聯軍完全無力抵抗。

潰敗的清朝簽下**辛丑和約**，支付巨額賠款，外國軍隊進駐北京公使館，嚴禁加入排外團體或運動，停止進口武器彈藥和製造材料兩年。

清朝的半殖民地化繼續逐步地進行中。

36 日俄戰爭簽和約的「樸資茅斯」在哪裡？

〉日俄戰爭

地名之謎

樸資茅斯這個地名有好幾個

日俄戰爭簽和約的地點在樸資茅斯（Portsmouth），因而取其地名，稱為「樸資茅斯條約」。那麼，樸資茅斯究竟是哪裡的都市呢？它既不像俄國的地名，很明顯也不是日本的地名。其實，由於這項和談會議的調停人是美國總統西奧多・羅斯福，所以，會議是在美國舉行的。

樸資茅斯是美國的地名，但是，麻煩的是，**在美國的新罕布夏州和維吉尼亞州都有樸資茅斯這個地名**。而日俄戰爭和談會議的地點，是在新罕布夏州的樸資茅斯。

不過，舉凡全世界，不只是美國，英國也有樸資茅斯這個城市，事實上，英國的樸資茅斯才是始祖。

殖民地時代，美國為了仿效母國英國「罕布夏郡的樸資茅斯」，所以才有了「新罕布夏州的樸資茅斯」。

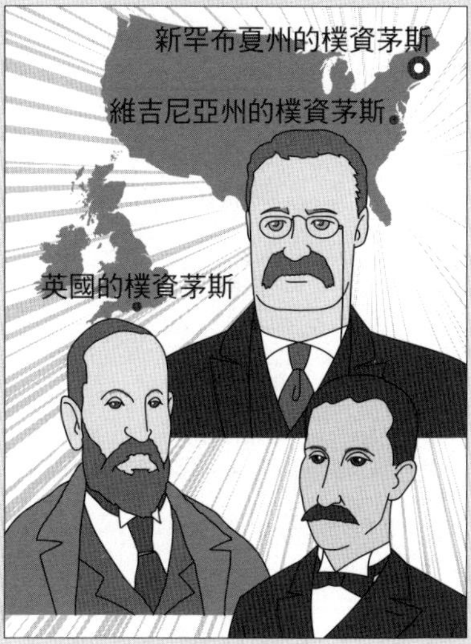

世界史的延伸

◈日俄戰爭的爆發

前一節曾經說到，俄國在東亞發動南下政策，因而對日本擴張勢力感到不滿。中日甲午

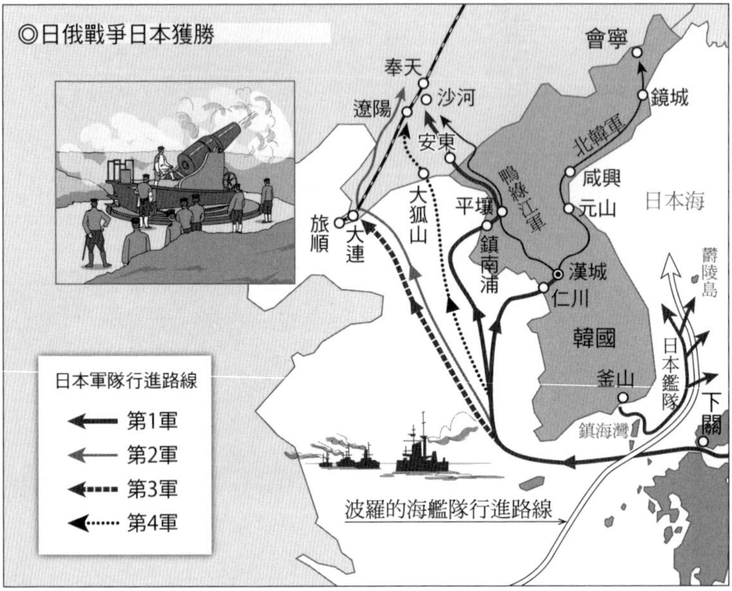
奉天
沙河
遼陽
安東
大狐山
旅順
大連
平壤
鎮南浦
鴨綠江軍
會寧
鏡城
北韓軍
咸興
元山
日本海
漢城
仁川
韓國
釜山
鎮海灣
下關
鬱陵島
日本艦隊
日本軍隊行進路線
第1軍
第2軍
第3軍
第4軍
波羅的海艦隊行進路線
◎日俄戰爭日本獲勝

戰爭之後，強迫日本將割讓的遼東半島歸還，日本迫於情勢勉強同意，但它和俄國之間的對立關係也愈發嚴重。

俄國的南下政策，同樣也與英國的利益衝突。但是，英國為了阻止德國入侵土耳其，必須與俄國協調，不能與俄國直接開戰。於是，英國變更了以往「**光榮孤立**」（傳統的孤立外交政策）路線，一九○二年，與日本結為同盟（**英日同盟**），意圖間接箝制俄國的南下政策。

得到英國這個巨大的靠山，日本決定與入侵朝鮮的俄國開戰。一九○四年，日本揭開**日俄戰爭**的序幕。這場戰爭中，日本苦戰多日之後，攻陷了旅順，在奉天會戰、日本海海戰上也取得了勝利。但是，這個時間點，日本其實已無國力再繼續作戰。因此，日本請美國總統羅斯福居中調停，在戰況對己有利的階段，尋求和談之道。

另一方面，俄國由於國內革命運動正熾，政治也出現不穩跡象。所以俄國也有不得不接受和談的苦衷。

◈樸資茅斯條約與其影響

一九〇五年，日俄雙方在樸資茅斯召開會議，日本全權代表小村壽太郎，與俄國全權代表謝爾蓋．維特談判的結果，簽下了**樸資茅斯條約**。日本取得朝鮮半島指導和監督權、遼東半島租借權、南滿鐵路利權、庫頁島南部主權。不過，條約中沒有賠款，令日本國內不滿情緒升高。附帶一提，羅斯福總統因為斡旋日俄戰爭有功，獲得了諾貝爾和平獎。

戰後東亞各勢力保持均衡，一時相安無事。列強對立的焦點，轉移到有「歐洲火藥庫」之稱的**巴爾幹半島**。巴爾幹半島成為俄國的泛斯拉夫主義與德國的泛日爾曼主義對立的戰場。

另一方面，獲得勝利的日本得到歐美列強的承認。一九一〇年，日本將政治不安定的韓

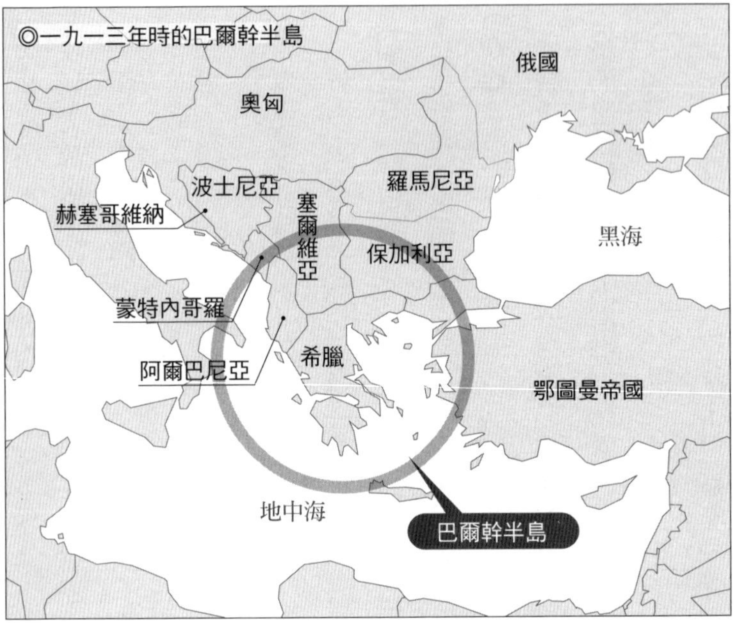
◎一九一三年時的巴爾幹半島
俄國
奧匈
羅馬尼亞
波士尼亞
塞爾維亞
赫塞哥維納
黑海
保加利亞
蒙特內哥羅
希臘
阿爾巴尼亞
鄂圖曼帝國
地中海
巴爾幹半島

國**併吞**了。

日本戰勝歐美列強一員的俄國，在世界史上產生了重大的影響。僅僅三十多年前，尚有髮型獨特的武士在街頭闊步的國家，現在卻扳倒列強獲勝，使日本在亞洲各民族間重拾驕傲，提高民族自覺。一九一一年，對現實缺乏反應力的清朝發生**辛亥革命**，建立了**中華民國**。

37

世界三大運河是「蘇伊士運河」、「巴拿馬運河」，另外一條在哪裡？

〉第一次世界大戰

地圖之謎

世界三大運河之一在歐洲!?

世界有三大運河，一條是連結埃及東北部的地中海與紅海的**蘇伊士運河**，一條是在中南美洲，連結巴拿馬的太平洋與大西洋的**巴拿馬運河**。這兩條知名度都很高，但還有一條呢？相信很多人都想不出來吧。

正確答案是德國北部的**基爾運河**。它連結了北海和波羅的海，**正式名稱應該是「北海—波羅的海運河」，但大多數人都用波羅的海旁邊的都市，叫它「基爾運河」**。

基爾市曾經是知名的軍港，現在因為基爾大學，而成為聞名的文化都市。

話雖如此，坦白說，基爾運河給人的印象，遠遠不及另外兩條深刻。不過這條運河所在的城市，曾經有段時期是世界注目的焦點，因為它大大地改變了世界的歷史。

世界史的延伸

◈空前的大激戰

二十世紀初，歐美列強分成兩個陣營，形成對立的結構。其中一個陣營，由英、法、俄**三國協約**為中心，是為「協約國」，日本也屬於協約國之一。另一個陣營是德國、奧匈帝國、義大利三國同盟為中心，組成「同盟國」。其中，義大利與奧匈帝國因為領土問題對立，因此第一次世界大戰時，義大利脫離**三國同盟**，加入協約國。

一九一四年，奧匈帝國皇位繼承人法蘭茲·斐迪南夫婦在訪問波士尼亞的塞拉耶佛時，被塞爾維亞的大學生暗殺身亡（**塞拉耶佛事件**），奧匈帝國藉此契機向塞爾維亞宣戰。各國分別投向同盟國與協約國，全世界爆發分成兩個陣營的大戰爭，史稱**第一次世界大戰**。

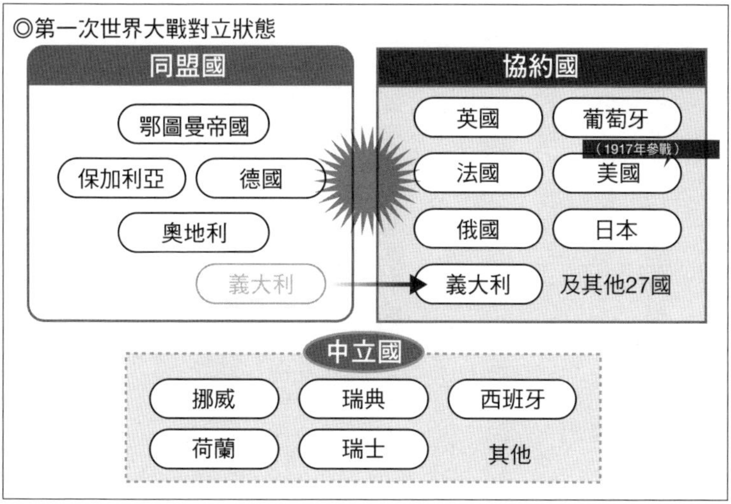
◎第一次世界大戰對立狀態
同盟國
鄂圖曼帝國
保加利亞
德國
奧地利
義大利
協約國
英國
葡萄牙
（1917年參戰）
法國
美國
俄國
日本
義大利
及其他27國
中立國
挪威
瑞典
西班牙
荷蘭
瑞士
其他

戰爭中使用了飛機、毒氣、戰車等新型兵器，拖延時日超出想像，戰事呈現出**總體戰**的樣貌。

一九一七年，戰況有了變化。該年，俄國發生革命，皇帝退位（**二月革命**，其時為西洋曆的三月，但按俄國曆法為二月），革命越演越烈，列寧成為領袖，掌握了政權（**十月革命**，其時為西洋曆的十一月，但按俄國曆法為十月），誕生了世界上第一個社會主義政權。在此狀況下成立的蘇維埃政權，與德國簽下休戰條約。另一方面，美國以德軍採取無限制潛艇戰為由加入戰局，協約國立刻轉為優勢。

俄國發生革命的第二年，即一九一八年，同盟國敗相已露。保加利亞、鄂圖曼帝國、奧匈帝國陸續投降。德國陷入孤立，此時在**基爾軍港**接到出擊命令的德國海軍發動叛變，蔓延到全國，皇帝退位逃亡，共和政體成立（**德國革命**）。臨時政府簽訂休戰協定，第一次世界大戰終於結束。

◈經濟大恐慌改變了世界的樣貌

戰後，主戰場的歐洲各國破敗凋弊，美國取而代之，走向繁榮富庶。汽車和家電產品普及到家庭，收音機、電影、運動等娛樂走入生活。一九二九年初，胡佛總統對二〇年代的美國經濟評價為「**永遠的繁榮**」。

但是，就如同歷史所見，有史以來，大大小小的國家反覆著盛衰興亡的過程，沒有哪個國家能夠維持永遠的繁榮。誇大自滿的總統之言並未成真，反倒是同年秋天，發生了任何人都料想不到的事件。

一九二九年十月二十四日，紐約的華爾街股票市場發生股價崩盤，對世界造成嚴峻的衝擊，這天被稱為「**黑色星期四**」，成為許多人記憶深刻的日子。美國華爾街的股票暴跌，轉變為泡沫崩壞，動搖了美國經濟，不久後更波及全世界。許多國家都面臨空前的**經濟大恐**

慌。

面對經濟大恐慌，美國採行了羅斯福**新政**，利用公共投資，推動地區開發等，振興需求，努力恢復景氣。英國和法國則在母國與殖民地之間，建立排他性經濟集團，努力安定經濟，這種政策稱為**集團經濟**。但對不屬於集團的國家來說，市場縮小，經濟也受到壓迫。中小型國家或沒有殖民地資源的國家，問題變得更加嚴重。

在德國和義大利，由**希特勒**率領的納粹黨與**墨索里尼**率領的法西斯黨掌握權力，藉由侵略政策，謀求經濟的復甦。也可以說，這是沒有殖民地的國家，為了形成新經濟集團所採取的行動。

日本也採行相同的策略。一九三一年，發動**九一八事變**，第二年建立滿州國。國際聯盟將日本的這一連串動作，視為侵略行為，要求日本從滿州撤兵。於是日本退出國際聯盟，向德國、義大利靠攏。

到了一九三七年，**中日戰爭**爆發，進入長期戰爭的時代。

38

「硫磺島」的「島」，日文不是念成「jima」，而是「tou」，真的嗎？

〉第二次世界大戰

地名之謎

依美軍稱呼而普及的島名

硫磺島，是位於小笠原群島西南方約二百公里的火山島。這個島在第二次世界大戰時，因為美日發生激烈對戰而聞名一時，也成為好幾部文學作品和電影《硫磺島的來信》（*Letters from Iwojima*）、《硫磺島浴血戰》（*Sands of Iwojima*）等的背景。

也許受到這些作品的影響，現在Iwojima這個念法十分普及，但實際上這個島的正式名稱是Iwotou。

自古以來，這個島就有Iwotou和Iwojima兩種稱呼，但**舊島民和小笠原群島上的居民，一般都稱它為「Iwotou」**。但是，第二次世界大戰時，占領此島的美軍叫它「Iwojima」，因此後者的說法便漸漸普及。

多年後，在舊島民和小笠原村的要求下，日本國土地理院和海上保安廳將它正式定名為「Iwotou」，不過這已經是二〇〇七年的事了，距離戰爭已經過了六十年。

世界史的延伸

◈第二次世界大戰爆發

義大利和德國接連出現了單一政黨的獨裁政治，稱為**法西斯主義**。

一九三五年，義大利**侵略衣索比亞**，占領該地，國際聯盟對它採取經濟制裁，但是效果不彰。一九三六年，**西班牙內戰**，德國和義大利積極支持軍人佛朗哥率領的反政府軍，德國空軍派遣轟炸機轟炸西班牙小城格爾尼卡，西班牙畫家畢卡索於是將心中的怒火畫成了大作〈格爾尼卡〉。另一方面，一支國際軍隊則支援西班牙政府，軍隊裡有幾個人原本是作家，

◎歐洲許多地方都被軸心國占領

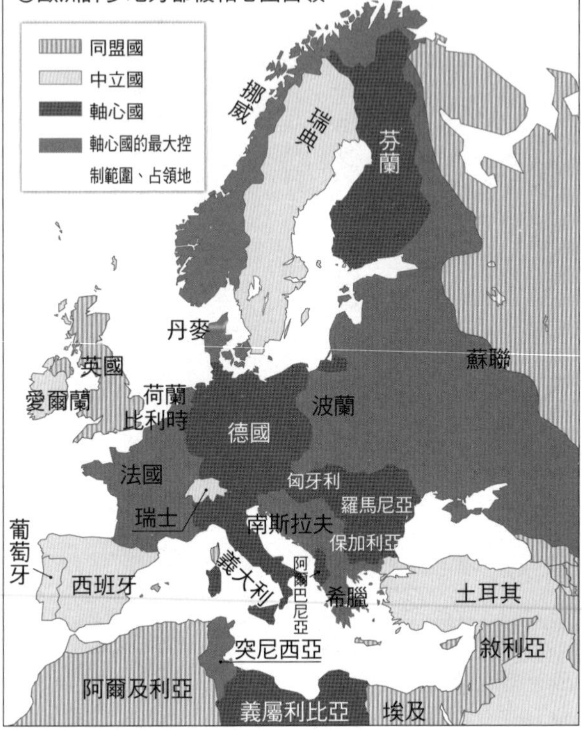
同盟國
中立國
軸心國
軸心國的最大控制範圍、占領地
挪威
瑞典
芬蘭
丹麥
蘇聯
英國
愛爾蘭
荷蘭
比利時
德國
波蘭
法國
匈牙利
羅馬尼亞
瑞士
南斯拉夫
保加利亞
葡萄牙
西班牙
義大利
阿爾巴尼亞
希臘
土耳其
突尼西亞
敘利亞
阿爾及利亞
義屬利比亞
埃及

他們將此時的體驗寫成了著名作品，像是海明威的《戰地鐘聲》、馬爾羅的《希望》、歐威爾的《向加泰隆尼亞致敬》等。這場內戰，政府軍戰敗，佛朗哥繼續實行獨裁統治。

到了一九三八年，德國**併吞奧地利**，次年捷克斯洛伐克解體，斯洛伐克成為德國的保護國。同年，德國與蘇聯簽訂**德蘇互不侵犯條約**後，德國和蘇聯分別侵略波蘭。於是，英國和法國向德國宣戰。德國、義大利、日本為主組成的**軸心國**，與英國、法國、美國、蘇聯等組成的**同盟國**對抗，開啟了**第二次世界大戰**。

戰爭從德國與蘇聯占領在第一次世界大戰中失去的波蘭開始。第二年，德國進攻丹麥、挪威、荷蘭、比利時，進而入侵法國，占領巴黎。一九四一年，為了保有石油，背棄德蘇互不侵犯條約，發動德蘇之戰。

另一方面，同年末，軸心國的日本向拒絕提供石油和鐵的美國開戰。日軍偷襲**珍珠港**內的美國海軍基地，發動了**太平洋戰爭**。之後，日本為尋求戰略物資，占領馬來半島、印尼和菲律賓。

◈同盟國勝利結束了大戰

一九四二年中，戰況傾向在經濟上立於優勢的同盟國。

在歐洲戰線，一九四三年德軍在史達林格勒敗給蘇聯軍隊。同年，同盟國軍隊接近義大利本土，義國國內反墨索里尼行動趨於強烈，墨索里尼遭到卸職，義大利向同盟國投降，墨索里尼後來更被槍殺。一九四四年，盟軍在**諾曼第登陸**，巴黎重獲自由。盟軍在往德國首都柏林推進途中，希特勒自殺，蘇聯軍隊攻破柏林，德國無條件投降。

在亞洲．太平洋戰線，一九四二年，日本在**中途島海戰**大敗，一九四四年到隔年之間，美軍奪回塞班島、雷伊泰島、馬尼拉島，硫磺島日軍全數陣亡。一九四五年四月，美軍在沖繩登陸，八月在廣島、長崎投下**原子彈**，同月，日本接受**波茨坦宣言**，投降。

至此，犧牲無數性命，造成無數悲劇的第二次世界大戰、太平洋戰爭終於結束。

戰後，日本由**盟軍最高司令官總司令部（GHQ）**占領下，推動非軍事化、民主化政策。一九四六年，施行宣揚主權在民、放棄戰爭、保障基本人權的**日本國憲法**。一九五一年於舊金山和談會議上簽署和平條約，次年生效，日本也恢復主權。

至於德國，由美國、英國、法國和蘇聯四國瓜分占領。之後美、英、法管理的地區成立**德意志聯邦共和國（西德）**，蘇聯管理的地區成立**德意志民主共和國（東德）**，分裂為兩個國家。

39 為什麼婆羅洲分屬印尼、馬來西亞和汶萊三國？

〉亞洲、非洲各國的建國

地圖之謎

國境由歐美列強談判決定？

大家如果知道婆羅洲（加里曼丹島）竟分別屬於三個國家的領土，可能會覺得很意外。但是，婆羅洲是世界第三大島嶼，其面積是日本的將近兩倍。此外，婆羅洲的馬來西亞和印尼國境線上，還有伊蘭山脈、卡普阿斯山脈，從地形上來看，充分存在著分割成幾國的要素。

但是，讓我們放遠一點，從東南亞整體來看，會注意到有點奇怪的地方。婆羅洲雖然分屬三個國家，其中一部分又和許多島合起來組成印尼，這又是為什麼呢？

這是因為，**以前歐美列強殖民地時的邊界，影響到現在國界的關係**。帝國主義時代，荷

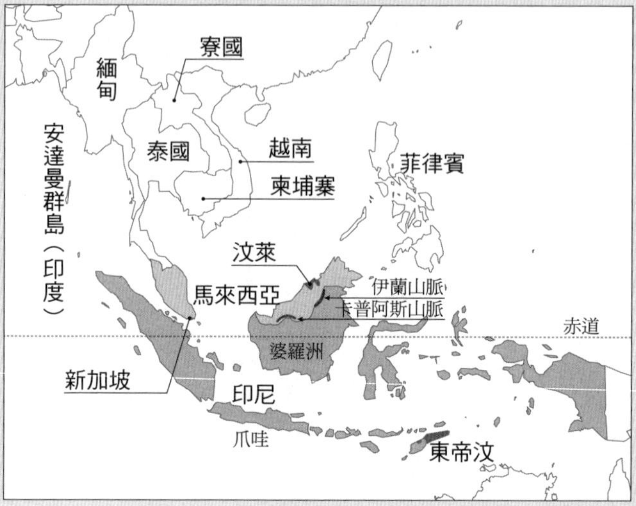
寮國
緬甸
安達曼群島（印度）
泰國
越南
柬埔寨
菲律賓
汶萊
馬來西亞
伊蘭山脈
卡普阿斯山脈
赤道
婆羅洲
新加坡
印尼
爪哇
東帝汶

蘭的占領地從爪哇島往周邊島嶼擴大，英國從馬來半島擴展殖民地。兩國於一八二四年簽訂英荷協約，將勢力範圍分割成南北兩半。現在的印尼地區為荷屬，馬來西亞地區為英屬。戰後，這兩個地區分別獨立成不同國家。

此外，婆羅洲北部的汶萊（正式名稱為汶萊達魯薩蘭國）以前是統治婆羅洲和菲律賓南部的王國，但因為逐漸喪失領土，成為英國屬地之後，在一九八四年才完成獨立。

◈非洲各國的獨立

第二次世界大戰後，亞洲、非洲的許多地區，陸續從殖民地統治中獨立，誕生了許多新興國家。在非洲，從十九世紀起，便已對歐美列強發動抵抗運動，經過日俄戰爭、第一次世界大戰，各地產生有志走向自治、獨立的組織。雖然如此，在第二次世界大戰之前，非洲的獨立國家只有南非聯邦、衣索比亞、埃及、賴比瑞亞等四國。戰後，獨立聲勢驟然高漲，從一九五一年**利比亞獨立**為開端，如下頁圖所示，許多國家都成功地獨立。

但是，由於殖民地時代規畫國境線時，並未將部族、民族的分布考慮進去，造成非洲**紛爭**不斷。在盧安達，因為比利時統治時代特別善待圖西族的影響，於是發生了胡圖族大量殘殺圖西族的悲劇。不過，也有像南非共和國那樣，在曼德拉的努力下，終於將南非聯邦誕生以來的**種族隔離政策**加以廢除。建立和平協調的共存體制，可以說是全世界人民追求的希望。

摩洛哥
（1956）
突尼西亞（1956）
阿爾及利亞
（1962）
（1954～62對法獨立戰爭）
利比亞
(1951)
(1969廢止王政)
埃及
(1952廢止王政)
厄立特里亞（1993）
吉布提（1977）
塞內加爾（1960）
西撒哈拉
茅利塔尼亞
(1960)
馬利
(1960)
尼日
(1960)
查德
(1960)
蘇丹
(1956)
布吉納法索
(1960)
奈及利亞
(1960)
中非
(1960)
南蘇丹
(2011)
衣索比亞
(1974廢除帝政)
索馬利亞（1960）
甘比亞（1965）
幾內亞比索（1973）
幾內亞（1958）
獅子山（1961）
賴比瑞亞（1847）
象牙海岸（1960）
迦納（1957）
多哥（1960）
貝寧（1960）
聖多美普林西比（1975）
赤道幾內亞（1968）
加彭（1960）
喀麥隆
(1960)
剛果共
和國
(1960)
剛果民主
共和國
(1960)
烏干達
(1962)
肯亞
(1963)
盧安達(1962)
蒲隆地(1962)
坦尚尼亞
(1961)
科摩洛
(1975)
安哥拉
(1975)
尚比亞
(1964)
馬拉威
(1964)
馬達加斯加
(1960)
辛巴威
(1980)
納米比亞
(1990)
博茨瓦納
(1966)
莫三比克
(1975)
賴索托(1966)
南非
(1910)
史瓦濟蘭(1968)
◎非洲許多國家都在戰後獲得獨立

◈相繼獨立、建國的亞洲各國

在中國，國民黨與共產黨在二次大戰時期便開始內戰。戰後，共產黨在國共內戰中獲勝，由**毛澤東**主席、周恩來首相於一九四九年建立**中華人民共和國**。國民黨避至台灣，繼續維持中華民國政府。

朝鮮半島在戰後，北部由蘇聯管轄，南部由美國占領，各別獨立為**朝鮮民主主義人民共和國（北韓）與大韓民國（南韓）**。南北分裂的朝鮮半島於一九五〇年爆發韓戰。一九五三年達成停戰協定，直到今天。

南亞、東南亞各國的獨立運動也如星火燎原。在印度，**甘地**從戰前便展開民族運動。戰後分裂成由伊斯蘭教徒組成的**巴基斯坦**，與印度教徒較多的**印度聯邦**。甘地期望印度統一和獨立的心願尚未完全達成，就於獨立的第二年，被激進的印度教徒殺害。

在越南，**胡志明**等人宣告越南民主共和國獨立。後來在印度支那戰爭中與法國交戰，在**越戰**中與美國交戰之後，統一國土。一九七六年，成立**越南社會主義共和國**。此外，緬甸也由**翁山**推動獨立，印尼則是由**蘇卡諾**完成獨立。

這些國家不願受到下節會提到的美蘇對立所束縛，努力成為**第三勢力**，走向和平共存的道路。

40

「莫斯科」和「西伯利亞」兩個地名的意思相同？

〉東西冷戰與之後

地名之謎

述說俄國歷史時，避不開「沼澤地」

第二章第十一節已經敘述過，俄國的起源來自於維京人建立的大諾夫哥羅德王國。這個國家不久後南下，成為基輔公國，與原住民斯拉夫人融合混血。但是，十三世紀時，俄羅斯受到蒙古帝國的統治，在蒙古統治下的苦澀時期，俄羅斯人稱之為「韃靼的枷鎖」。不久後，俄羅斯以莫斯科為中心，擴展勢力，建立莫斯科大公國，一四八〇年脫離蒙古的管轄。

「莫斯科」現在是俄羅斯的首都，但原本是由意指「濕地、沼澤」的「mosk」，與芬蘭語中意味「水」的「va」組合而成的字，所以有「沼澤地的水、河」的意思。因為莫斯科河是這個城市發展的中心。

後來，莫斯科大公利用南俄羅斯騎馬戰士團的哥薩克人，開闢了沙金、毛皮產地的西伯利亞，進而長驅直入東亞，甚至向日本發動日俄戰爭。而西伯利亞，是蒙古語中意指「沼澤地」的「sibir」與拉丁語地名接尾辭「ia」組合而成的字。事實上，**與莫斯科幾乎是同樣的意思**。

如前述所說，俄國在第一次世界大戰期間發生了革命，組成蘇聯，然後在第二次世界大戰後的冷戰時期，成為世界兩大強國之一。

場。

◈象徵戰後國際情勢的冷戰

第二次世界大戰後，蘇聯領導的東方陣營，與美國領導的西方陣營，表現明顯的對立立場。

像這樣雖然未達到直接的軍事衝突，但憑著核武為後盾，維持嚴重對立的狀況，稱之為**冷戰**。

戰後，東歐在蘇聯的支援下，建設成採用蘇聯社會主義的國家。一九四九年，蘇聯與東歐各國成立**經濟互助委員會**（**COMECON**），以促進東方陣營的團結。另一邊的美國和西歐各國，則在同年建立**北大西洋公約組織**（**NATO**），保障成員國的安全。

一九六一年，位於東、西對立最前線的德國柏林，為追求富足的生活，從東柏林逃至西柏林的人數不斷增加。為防堵這種態勢，東德政府圍起分隔東、西柏林的水泥高牆，即是**柏**

林圍牆。超過四公尺高，長一百五十公里的冰冷石牆，成了東西冷戰的象徵。

冷戰持續了約四十年，反覆出現像蘇聯意圖在美國的鄰國古巴建立飛彈基地而引發**古巴危機**的緊張期，與**戰略武器限制談判（SALT）**的緩和期。

兩陣營不只在政治舞台對立，也在各個不同領域裡競爭。如美、蘇為了顏面而加速進行的太空競賽，也為人類的發展帶來正面的效果。

然而，像西方陣營抵制參加莫斯科奧運（一九八〇年），東方陣營抵制洛杉磯奧運（一九八四年），影響波及到體育界，這樣負面的結果就會遭到眾人的指責。

◈冷戰結束與未來世界

一九八五年，有一個人的出現改變了世界情勢，他就是當時擔任蘇聯共產黨總書記的**戈巴契夫**。

他提出「**重建**」（改革）、「**開放**」（資訊公開）、新思考外交，讓東、西兩大陣營的關係趨於緩和。

一九八九年，美、蘇首腦在**馬爾他高峰會**中宣告冷戰結束。在此會的前一個月，柏林圍牆倒塌，次年的一九九〇年，東、西德統一。

但是，對冷戰結束居功厥偉的戈巴契夫，卻因為國內發動的政變影響而下台。蘇聯瓦解，由**俄羅斯聯邦**繼承原蘇聯在聯合國安全理事會的常任理事國地位。

在二十世紀裡，受到多種紛爭一再反覆困擾的歐洲各國組成了**歐洲聯盟**（EU），他們試著攜手走向統合的道路，也為了加速和平發展而從事了多方面的努力。但是，冷戰結束後，如同俄羅斯在烏克蘭問題上還是與歐美對立一般，世界各國仍有各式各樣的紛爭在持續著。

再者，現在這個時代，不只是國家、地區之間的紛擾尚未解決，而且還有許多新的問題浮現出來。全球暖化、沙漠化等的進展，更進一步引發了嚴重的環境污染、生態系統的破壞等問題。

地球自太古時代開始蘊育了千千萬萬的生物，如何不破壞這寶貴的環境，而能一個世代、一個世代地傳承下去，是今日地球人的使命。

環境問題的解決，是全人類的課題。活在地球上的所有人類，都應努力以光明的未來為目標，實現永遠和平且有益環境的社會。

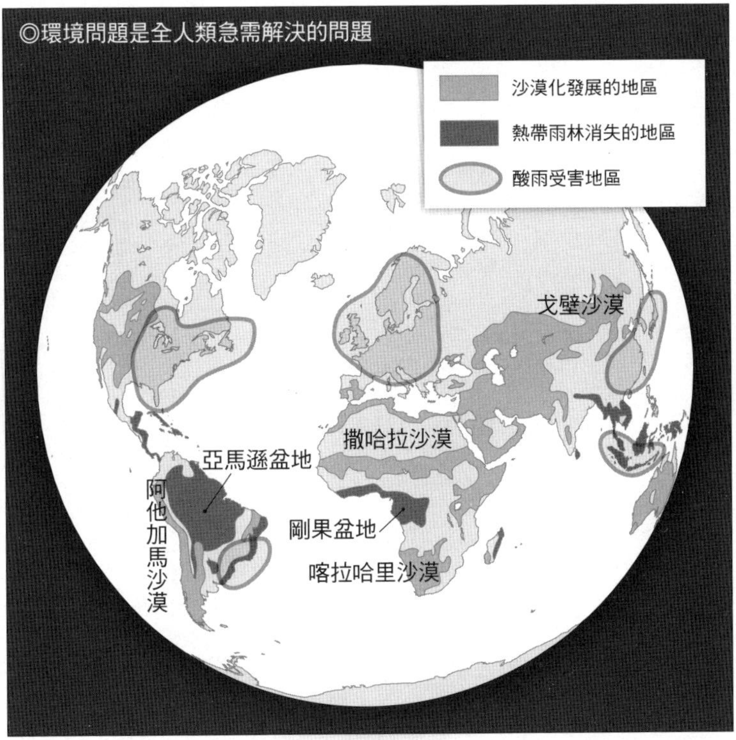
◎環境問題是全人類急需解決的問題
沙漠化發展的地區
熱帶雨林消失的地區
酸雨受害地區
戈壁沙漠
撒哈拉沙漠
亞馬遜盆地
阿他加馬沙漠
剛果盆地
喀拉哈里沙漠

因此，借鑒於世界史，將從過去中學習到的知識運用於今後世界的走向，相信會是個有效的嘗試。

可以從紐約開車到莫斯科或羅馬嗎？

當然，若是不搭渡輪，不坐水陸兩用車，從紐約搭車到俄國的首都莫斯科，或是義大利的首都羅馬，從一般人看來似乎是不可能的。但是，還是有方法坐極普通的汽車，就能到達莫斯科或羅馬。

事實上，美國的愛達荷州就有個地方叫做「莫斯科」，喬治亞州也存在著「羅馬」的地名。從紐約去這兩個地方，真的只要開車就能到達。新大陸美國為了向繁榮都市沾光，或是景觀類似等理由，常會借用其他大陸已存在的地名，這是新大陸才會有的舉動。第一章第一節提到的孟斐斯，第三章第十五節提到的塞勒姆都是類似的例子。

國家圖書館出版品預行編目資料

從地理地名地圖了解世界史 / 宮崎正勝監修 ; 陳嫺若譯 .
– 再版 . – 新北市 : 如果出版 :
大雁出版基地發行 , 2024. 01
面 ; 公分
譯自 : 知れば知るほど面白い地理・地名・
地図から読み解く世界史
ISBN 978-626-7334-59-1（平裝）

1. 世界史 2. 世界地理

710 112020000

從地理地名地圖了解世界史

知れば知るほど面白い　地理・地名・地図から読み解く世界史

監修／宮崎正勝
執筆／福田智弘
譯者／陳嫺若
封面設計／呂德芬
內文排版／蘇盈臻
特約編輯／王慧芬
責任編輯／劉文駿
業務發行／王綬晨、邱紹溢、劉文雅
行銷企劃／黃羿潔
副總編輯／張海靜
總編輯／王思迅
發行人／蘇拾平
出版／如果出版
發行／大雁出版基地
地址／231030新北市新店區北新路三段207-3號5樓
電話／（02）8913-1005
傳真／（02）8913-1056
讀者傳真服務／（02）8913-1056
讀者服務E-mail andbooks@andbooks.com.tw
劃撥帳號／19983379
戶名／大雁文化事業股份有限公司
出版日期／2024年1月 再版
定價／380元
ISBN／978-626-7334-59-1

SHIREBA SHIRUHODO OMOSHIROI CHIRI・CHIMEI・CHIZU KARA YOMITOKU SEKAISHI supervised by Masakatsu Miyazaki